バスケットボールの
ケガ

メカニズム・治療・
リハビリ・予防

亀田メディカルセンター スポーツ医学科　部長代理

服部惣一　著

ヴァン メディカル

はじめに

　2019年3月30日、国際バスケットボール連盟（FIBA）の理事会が男女共に5人制日本代表の東京オリンピック出場を認めることが決まり、男子は44年ぶりの出場、女子は2大会連続の五輪出場と非常に喜ばしい瞬間となりました。2021年6月現在では、世界最高峰のバスケットボールリーグであるNBAで活躍する選手が2名となり、さらにその内一人の八村　塁選手はNBAドラフト1巡目9位で指名されるという快挙を成し遂げられました。日本のバスケットボール登録競技者数は公益財団法人日本バスケットボール協会（JBA）によると2020年3月時点で約60万人となっているため、多くのバスケットボールを愛好する大人や子供達のこれまでにない盛り上がりが期待されます。

　本書は「NBA選手」や「日本代表選手」といったエリートレベルの選手を対象にした書物というよりは、部活動や楽しみでバスケットボールをやっている選手達を対象としています。エリートレベルの選手たちには専門のトレーナーやドクターを中心としたメディカルチームが存在することが多いですが、草の根のレベルの選手たちはそうではありません。選手自身やその家族あるいは指導者が医学的な知識をある程度持っている必要があります。本書はそのような方々に提供するべくまとめたものです。よって診察室やコートサイドで選手達に話すような平易な言葉を使うよう心がけました。また同時に「選手をみてきた経験」だけで語るのではなく「最新の研究・知見」を提供しようと試みました。世界に蔓延している新型コロナウイルスとの戦いのように、経験だけでなく科学的な最新データを駆使することによって初めて外傷や障害に打ち勝つことができると信じるからです。

　私自身はバスケットボールプレーヤーではありませんが、現在もマラソ

ン・ラグビーをプレーする自称アスリートです。中学・高校・大学と競技レベルでスポーツを行いましたが、腰椎分離症、脛骨・腓骨疲労骨折、種子骨障害、足関節不安定症、肘関節ねずみ、ハムストリング肉離れ、下腿三頭筋肉離れなどなど、多くの外傷・障害に悩まされました。現在もその後遺症と付き合いながらスポーツを楽しんでいます。学生時代の自分に対して「こういうアプローチをしていればもっといいパフォーマンスが出せただろうな」という思いがこの書の根底にあります。ケガへの取り組み方が改善し、みなさまのパフォーマンスアップにつなげることができればそれに勝る喜びはありません。

　最後に㈱ヴァンメディカル　伊藤一樹氏の熱意ならびに安房地域医療センター診療部　矢野佑治氏の献身的なサポートにより本書を完成することができました。心よりお礼を申し上げます。

2021年6月吉日
亀田メディカルセンター　スポーツ医学科　部長代理
服部惣一

目　次

2 バスケットボールの主なケガ（部位別一覧）

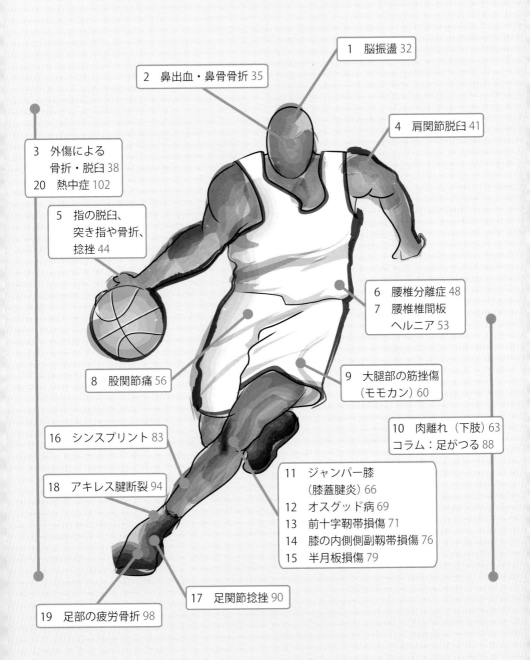

1 脳振盪 32

2 鼻出血・鼻骨骨折 35

4 肩関節脱臼 41

3 外傷による
　 骨折・脱臼 38
20 熱中症 102

5 指の脱臼、
　 突き指や骨折、
　 捻挫 44

6 腰椎分離症 48
7 腰椎椎間板
　 ヘルニア 53

8 股関節痛 56

9 大腿部の筋挫傷
　（モモカン）60

10 肉離れ（下肢）63
コラム：足がつる 88

16 シンスプリント 83

18 アキレス腱断裂 94

11 ジャンパー膝
　（膝蓋腱炎）66
12 オスグッド病 69
13 前十字靭帯損傷 71
14 膝の内側側副靭帯損傷 76
15 半月板損傷 79

17 足関節捻挫 90

19 足部の疲労骨折 98

1

イントロダクション

1 イントロダクション

1 骨

 骨

　骨というと上腕の骨や大腿の骨をイメージすると思います。それらは長管骨と呼ばれる骨で、体には頭蓋骨のように平たい骨もあります。ここではケガに関わることが多い長管骨を中心に触れます。長管骨には皮質骨という部分と海綿骨と言われる部分があります。皮質骨は硬くて内部に骨髄を含んでいて、長管骨の中央付近を形作っています。海綿骨は蜂の巣のような構造で比較的柔らかく、長管骨の両端を形作っています（**図1**）。

　骨は吸収（分かりやすく言うと破壊です）されて形成するというプロセス（リモデリングと呼ばれます）を常に行っています。皮質骨では全体の2〜5％が1年で新しくリモデリングされ、海綿骨に至ってはその10倍がリモデリングされます。このリモデリングには(1)栄養と(2)ホルモンが深くかかわります。「栄養が足りない」や「ホルモンが分泌されない」状態になるとリモデリングが起こらないため、骨が脆くなって骨折をしやすくなってしまいます。

(1)栄養

　骨の材料となる栄養がカルシウムやリンです。またビタミンも大事で、ビタミンDは腸からのカルシウムの吸収をよくする働きがあります。ビタミンCは骨の中のコラーゲンの合成に寄与しますので、これらを積極的に摂取することが、疲労骨折の予防にとって大事です。

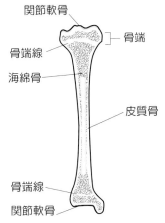

図1　長管骨（脛骨）の断面図

（関節軟骨、骨端線、海綿骨、骨端、皮質骨、骨端線、関節軟骨）

（2）ホルモン

　ホルモンはエストロゲンと成長ホルモンがアスリートの骨にとって特に重要です。エストロゲンの分泌が少ないと骨の吸収が進んでしまい、形成が追いつかなくなり、骨が脆くなってしまいます。女性アスリートで練習量が多すぎると、このような状態になることがあります。成長ホルモンは、骨を形成する働きがありますので、これも正常なリモデリングにとって大事です。特に成長期に、海綿骨と関節との間にある「骨端線」に作用して骨を成長させます。深い睡眠中に多く分泌されるため、睡眠は骨の「成長」と「形成」にとても大事です。

Point

① 骨は吸収と形成というリモデリングを常に行っていて、リモデリングには栄養とホルモンが深くかかわっている。
② 「栄養が足りない」や「ホルモンが分泌されない」状態になると骨が脆くなって骨折をしやすくなる。

1　イントロダクション

2　筋肉・神経

　筋肉

　バスケットボールの動きの原動力となる筋肉は骨に付着する骨格筋です。骨格筋は無数の筋線維からできています。筋線維は大きく赤筋と白筋の二つの種類に分けられます。赤筋は遅筋とも呼ばれ、反応が遅いですが長い時間働くことができ、長い距離を走ったりする有酸素運動で使用されます。白筋は速筋とも呼ばれ、筋線維の直径がより大きいです。素早い動きや細やかな動きを可能にしますが、一方で筋力を発揮する持続時間は短いです。バスケットボールではこの両方の筋肉をバランスよく鍛えることが必要です。

　筋線維一本一本あたりが発揮できる力は一定ですので、筋線維の数が多ければ多いほど大きな力を出すことができます。ではどうやれば筋線維の数を増やすことができるのでしょうか？　筋線維には筋細胞と呼ばれる細胞と筋衛星細胞と呼ばれる細胞とが存在します。筋力トレーニングによって筋線維を損傷すると、筋衛星細胞が筋細胞になって筋線維を修復しつつ筋線維の数も増加させます（図2）。

　筋線維を収縮させる際にエネルギー源となるのがATP（アデノシン三リン酸）です。その合成を手助けするのがクレアチンであり、トレーニング時のサプリメントとして広く販売されています。炭水化物も筋肉のエネルギー源として重要で、酸素を体内へしっかり摂取できる環境において、多くのATPを供給できます。サプリメントとして有名なのはプロテインですが、こちら

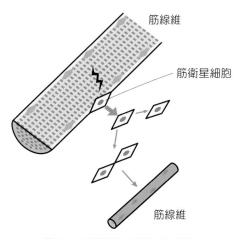

図２　筋線維の修復と増加

筋肉が損傷を受けると筋衛星細胞が筋線維へ分化して（変わって）いく。

はトレーニング後に損傷した筋線維が再生する際の材料になります。

 神経

　神経は自律神経と知覚神経と運動神経に分けられます。ここではケガをした選手を悩ませる「痛み」を中心に触れますので主に知覚神経にフォーカスします。

　痛みは「侵害受容器性の痛み」と「神経障害性の痛み」に分けられます（心因性の痛みもありますがここでは触れません）。前者は、例えば骨折をした時に発痛物質（プロスタグランジンやサブスタンスPなどと呼ばれています）が発生して、骨折部周囲の神経を刺激して生じる痛みです。そのような痛みを伝達する神経には、伝わる速度の速い神経（Aδ線維）と遅い神経（C線維）があります。プレー中に骨折などの大きなケガをした選手には経験があるかもしれませんが、受傷した直後にすぐに鋭い痛みを感じて、少し

間をおいてからジワジワと第二の痛みの波が来ます。また慢性的に痛みを抱えている場合は、このC線維と呼ばれる神経の「自由神経終末」という部分が過敏になってしまっている場合があります。

　「神経障害性の痛み」は、神経自体の損傷や圧迫による痛みです。例えば椎間板ヘルニアで神経が圧迫されて生じるような痛みを言います。「侵害受容器性の痛み」と「神経障害性の痛み」では痛みへの対処の方法が異なりますので、痛みがあれば病院を受診して正しい診断をまず受けることが大切です。

 **Point**

　① 筋肉を構成する筋線維をトレーニングによって損傷させ、その後筋線維が再生し筋線維の数も増加することで大きな筋肉となる。
　② 痛みには「侵害受容器性の痛み」と「神経障害性の痛み」があり、痛みへの対処の方法が異なる。

3 バスケットボールの動きの解剖

 ## パワーポジション（基本姿勢）

　バスケットボールではパワーポジションという基本姿勢が全ての動きに共通して用いられます。『バスケットボールの構え』と言えるこの姿勢は、肩幅より広めに立ち、膝を軽く曲げ、骨盤を前傾させ（股関節を曲げ）、背筋を伸ばします。

　この姿勢を維持するために主に用いられる筋肉は、背部の背筋群（脊柱起立筋、広背筋）ならびに、腹部の腹筋群（腹横筋、内腹斜筋、外腹斜筋、腹直筋）です。総称して体幹（コア）と呼ばれることもあります。

　いいパワーポジションのためには、体幹をバランスよく使えることが大事です。例えば腹筋群がうまく使えないと、骨盤が過度に前かがみになる姿勢になり、腰の後ろ側に負担がかかり腰椎分離症（「2-6　腰椎分離症」項参照）の原因となります。逆に背筋群が使えないとつっ立ったようなパワーポジションとなります。

　腹筋群を上手く使えるようになるには、ドローインと呼ばれる腹横筋のトレーニング（図3）から開始します。腹横筋が使えるようになったら周囲の筋肉も動員したトレーニング（プランクなど）（図4）を行っていきます。

　またスクリーンプレイやリバウンド、ドリブル時などのコンタクトプレーの際にも体幹のトレーニングは非常に重要なのでウォームアップに取り入れてもよいと思います。

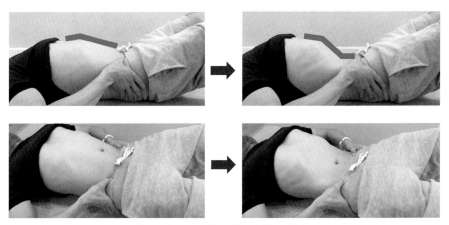

図3　ドローイン（引き込み動作）

仰臥位での腹横筋エクササイズ。上前腸骨棘から約2cm内側を触れた状態からスタート
し、息を吐きながら腹部の引き込み動作を行う。

図4　体幹トレーニング（プランク）

うつ伏せになり、前腕と肘とつま先を床につき体幹と膝を浮かせる（困難であれば膝を
ついたままで）。ドローイン（お腹を引っ込めること）を行い、肩から足までを一直線の
棒のように保つ必要がある。腰や膝が折れ曲がるか、背中が反り返るようであれば、一
直線になるように修正する。30秒静止することから開始し、徐々に持続時間を伸ばして
いく。

❷ カッティングやジャンプ

　トップスピードから進行方向を変えるようなカッティング動作や、ジャンプシュートやリバウンドのようなジャンプ時には、前述した体幹の筋肉に加えて、大臀筋・中臀筋などの臀部の筋肉が主に動員されます。これらの筋肉が上手に使用できないと、下半身のケガにつながります。片足でのバランスが取れないため足関節捻挫につながったり（「2-17　足関節捻挫」項参照）、膝関節が内側に入るKnee inとなるため膝の前十字靭帯損傷やジャンパー膝のリスクが高くなったりします（「2-11　ジャンパー膝（膝蓋腱炎）」「2-13　前十字靭帯損傷」項参照）。中臀筋のトレーニングとしては、バンドを使った外転筋トレーニング（図5）があります。

両側の足部あるいは足関節にチューブをひっかける

トレーニングする側の下肢をやや後ろに引きながら（伸展）、外側に開く（橙矢印）。臀部の外側の筋肉を意識する。

図5　中臀筋トレーニング

③ シュート、リバウンド

　頭上で手を伸ばしボールを取り合うリバウンドやシュートなどのオーバーヘッドの動作でも、上記した体幹・臀部がしっかり使えることが大事です。それらに加えて、肩甲骨周囲の筋肉である僧帽筋・菱形筋・前鋸筋がスムーズな動きにとって重要であり、腱板と呼ばれる棘上筋・棘下筋・肩甲下筋・小円筋による関節の安定性も必須です。こちらは「2-4　肩関節脱臼」の項目で詳しく説明します。

　これまでバスケットボール動作に動員される筋肉について説明しましたが、筋力トレーニングだけでは劇的なパフォーマンスアップにはつながりません。ストレッチにより柔軟性を高めることや、固有覚といわれるバランストレーニングや、使えるようになった筋肉を瞬発的に筋力発揮させるプライオメトリックトレーニングを組み合わせてケガの予防とパフォーマンスアップを両立させることができます。

Point

① パワーポジションのためには、体幹をバランスよく使えることが重要。
② カッティング動作や、ジャンプシュートやリバウンドのようなジャンプ時には、体幹の筋肉に加えて、大臀筋・中臀筋などの臀部の筋肉も動員される。
③ 筋力トレーニングだけでなく、ストレッチにより柔軟性を高めることや、固有覚といわれるバランストレーニングや、筋肉を瞬発的に筋力発揮させるプライオメトリックトレーニングを組み合わせて、ケガの予防とパフォーマンスアップを両立する。

4 バスケットボールに多いケガ

バスケットボールは整形外科領域の外傷、または障害（以降、外傷／障害）が多いスポーツです。ケガについてお話しする前に身体の部位について説明すると、医学的に股関節から足先までの範囲を「下肢」、そして肩から指先までの範囲を「上肢」と表現します。また一回の突発的な外力で起こるケガを「外傷」と呼び、動作の繰り返し（オーバーユース）によって起こるケガを「障害」と呼びます。

① 下肢

下肢の外傷／障害はバスケットボールにおいて最も頻回に起こります。下肢については、①足関節と足、②膝　③大腿（太もも）に分けて説明します。

(1)足関節（いわゆる足首）と足（足関節より末端の部分）

外傷／障害が最も多い部位が足関節と足です。「外傷」で多いものとして"足関節捻挫"が挙げられ20～45％を占めます。「障害」で多いものは疲労骨折となっています。これら捻挫、疲労骨折は別の項（「2-17　足関節捻挫」「2-19　足部の疲労骨折」）でお話しします。

(2)膝

下肢の中で足関節・足の次にケガの頻度が多いのが膝です。膝関節を構成

している靭帯の１つである前十字靭帯の損傷は、その70％が非接触プレー時に発生すると言われていてバスケットボールで最も復帰まで時間がかかるケガです。また膝のクッション性や安定性の作用を持つ半月板という組織の損傷においては、バスケットボールの外傷／障害の中で２番目に手術になる頻度が高いと言われています。障害で多いのはジャンパー膝（膝蓋腱炎や大腿四頭筋腱炎など）でありバスケットボールの選手のケガ全体の8.1％を占めています。これらの膝のケガについても後に「2-11　ジャンパー膝（膝蓋腱炎）」「2-13　前十字靭帯損傷」「2-15　半月板損傷」の項で説明します。

(3)大腿（太もも）

　足部や膝の他に、下肢の外傷で多いものに大腿部の打撲による筋挫傷（モモカン）が挙げられます。こちらも大腿の項（「2-9　大腿部の筋挫傷（モモカン）」）で説明します。

② 上肢

　上肢では手指の外傷が多く、小学生〜高校生にかけて頻度が高いと言われています。これについても指のケガの項（「2-5　指の脱臼、突き指や骨折、捻挫」）でお話します。

頭部

　上肢、下肢の他に見逃してはいけないものに頭部外傷、その中の脳振盪が
あります。小学生〜高校性にかけての若い選手に多く、さらに男性に比べ女
性に多いのが特徴です。脳振盪についても後の項（「2-1　脳振盪」）で詳し
く説明します。

Point

① バスケットボールでは下肢の障害・外傷が多く、特に足関節・足や膝
　に多い。
② 上肢では突き指などの指の外傷が多い。
③ それ以外では脳振盪を含む頭部外傷がある。

5 急性期のケガの処置

これまでの急性期のケガの処置はRICEを行うように言われてきました。まずRICEについて説明を行いますが、そのうちの"R"は最後に説明します。

Ice

まず頭文字の"I"はIce（冷却）からです。最近の研究では一番のメリットが痛みを軽減させることと言われています。さらに神経の活動がIce（冷却）することにより落ちていくため筋肉の働きが低下します。それにより患部の安静が保てることがメリットでもあります。経験的には［20分間のアイシング＋10分間休む］というサイクルを受傷後2日間（最も炎症が強い時期）を目安に行うことが多いです。

Compression & Elevation

"C"がCompression（圧迫）、"E"はElevation（挙上）となり、この両者は経験的に行われているものだと思います。包帯などで患部を圧迫し、心臓より高い位置に患部を挙上するというものですが、ただその効果は科学的に実証されていません。深部静脈血栓症（DVT）の予防にはCompression（圧迫）が役に立つと言われてますが、こちらもケガによる患部に対して効果的であるかの実証はされていないようです。

RICE とPRICE、POLICE

　Rest（安静）の“R”についてです。最近はProtection（保護）の“P”を加えたPRICEと言われることが多くなっています。ギプスや装具で患部を保護し、安静にさせ患部に負担をかけさせないようにするというものです。このPRICEは「受傷直後に行い受傷日または翌日に病院を受診するまでの処置」と考えていただけたらと思います。というのも、最近の研究ではRest（安静）を漫然と続けることはよくないと言われてきています。そのデメリットとして次のことが挙げられます。

　　①関節が癒着する（関節が動きづらくなる）

　　②筋肉が萎縮する（筋力が低下する）

　　③神経の反応が鈍くなる

といったものです。むしろ少しずつ動かしたほうが損傷した部位が治癒されるという考えになってきています。“動かす”ことをLoading（負荷をかける）というのですが、適切に動かして行くという意味でOL（Optimal Loading）と呼ぶようになっています。つまり“POLICE”が重要となってきています。この後の捻挫やアキレス腱断裂で具体例を説明するのですが、できるだけ固定の期間を短くし適切な負荷をかけながら組織を治していくというような方法が最近ではとられています。ただ“適切な負荷”であることが大事であるため、負荷が大き過ぎるとせっかく治りつつある組織がまた損傷してしまう可能性があります。

　スポーツに精通したスタッフ（ドクターや理学療法士やトレーナー）と二人三脚で治療していくことが大事です。

Point

① 急性期のケガの処置はRICEからPRICEそしてPOLICEになってきた。
② 最初の2日間はPRICEを行う。
③ それ以降は適切な負荷をかけていくが、過負荷にならないように注意が
　必要。

6 スポーツ復帰時期の考え方

　スポーツドクターをやっていてスポーツ現場から求められるのはいつ頃復帰できるかという問いに対するクリアな答えです。ケガには外傷／障害（「1-4　バスケットボールに多いケガ」項参照）があり、受傷部位によっても重症度によっても経過が異なります。いつ復帰できるかというのを予測するのは簡単ではありません。ただし、「これらをクリアできれば復帰できますよ」という段階はありますので、以下にて説明します。

① 段階その1：損傷した組織が元の形に近いところまで回復していること

　急性の足関節外側靭帯損傷を例にとります（これは繰り返しの動作によるケガである「障害」とは異なります）。まず靭帯が引っ張られて腫れているだけ（軽症）か、部分的な損傷（中等症）か、完全な断裂や骨から剥離したような損傷（重症）なのかを見分けます。骨ごと靭帯から剥がれて転位（ずれること）してしまうような場合は、元の形に戻すための手術が検討されることもあります。軽症や中等症ならば、患部をギプスによって固定したり、装具により動きを制限したりすることで、靭帯が元の形に近いところまで回復することを助けます。個人差もありますが、回復までは少なくとも2週間程度を要します。損傷した組織が回復する際の一つの尺度は痛みです。自発的な痛みや患部に触れたときの痛みが消失していれば良好な組織の回復の目安となります。

　段階その2：機能が回復していること

　損傷した組織が回復するのを待つ間に、機能（動き）の回復にもアプローチしていきます。受傷した最初の段階から患部にもOptimal Loading（適切な負荷）をかけていきます（「1-5　急性期のケガの処置」項参照）。例えば足関節の靭帯損傷であれば、医師や理学療法士の指導のもとに患部を動かす可動域訓練を早期から行います（自己判断ではやらないようにしましょう！）。また患部以外の部分の身体機能が落ちてしまわないように、動かせる部分は積極的にトレーニングを行います。例えば足関節の損傷であれば、上半身・体幹・臀部のトレーニングは継続し、バイクを漕いだり泳ぐことによって有酸素運動も続けます。また、そもそもケガをした原因となった身体の動かし方の癖を直します。足関節の靭帯損傷であれば、足首の外側を走る腓骨筋や中臀筋といわれる臀部の筋肉を使えなかったり、バランス感覚の源である固有覚が低下していることが多いので、それらの機能を回復させます。

　競技スキル回復のための練習に進むために必要なのは、

　①可動域訓練によって患部の関節の動きが回復していること

　②患部周囲の筋力が回復していること

　③バランスが回復していること

になります（図6）。以上が整っていれば、低負荷から競技スキルを回復する練習を再開していきます。

　足関節の靭帯損傷ならば、サポーターを付けた状態でのジョギングから再開し、ランニング、加速走、スプリント、カッティング動作へと進んでいきます（痛みがあれば前の段階に戻ります）。カッティングができれば全体練習への復帰が可能です。

　さらに練習によって、①スキルを取り戻し、②有酸素運動がしっかりでき

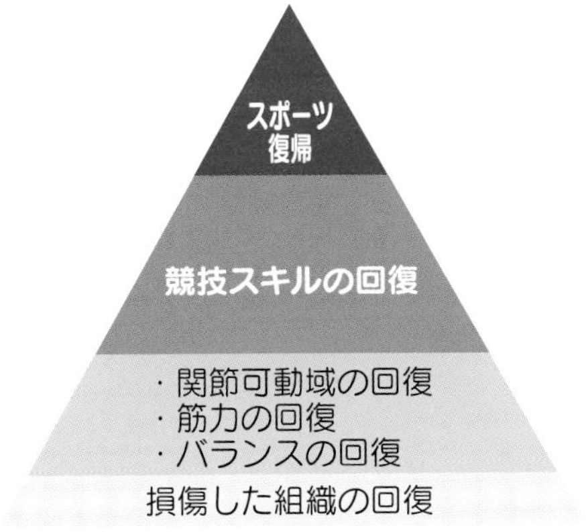

スポーツ
復帰

競技スキルの回復

・関節可動域の回復
・筋力の回復
・バランスの回復
損傷した組織の回復

図6　スポーツ復帰のピラミッド

て、③心理的にも復帰できる準備が整えば（ケガの再発への恐怖感を克服できている）、試合への復帰となります（**図6**）。

① スポーツ復帰にはクリアすべき段階がある（**図6**）。
② 損傷した組織の回復が得られたら、機能を回復し、競技スキルを再獲得し、最終的に試合への復帰となる。

1　イントロダクション

7 スポーツ障害（オーバーユースによって生じるケガ）の予防

　スポーツ障害を予防するには、まず障害のリスクとなる要因を見きわめることが最初のステップになります。障害のリスクとは大きく分けて選手自身の要因（内的要因）とそれ以外の要因（外的要因）に分けられます。下肢の疲労骨折を受傷した選手を例にとると、成長期で股関節や足関節の柔軟性が低下したことなどが選手自身の内的要因だったかもしれません。あるいは、練習で走る量が急激に増加したことや、硬い地面の上を走ったことなども要因（外的要因）だったかもしれません。選手自身にある原因と、選手の外にある原因との両方にアプローチしていく必要があります。

　選手自身の障害リスクにアプローチしていく方法に「メディカルチェック」や「検診」があります。学校や部活単位で「スポーツ障害になりそうな選手」や「すでに障害を持った選手」を見つけて予防するのが目的です。

　このメディカルチェックでチェックする項目は、部活動の選手であれ代表レベルのエリート選手であれ同じです。1）まず筋力がしっかり使えるかです。例えば足関節捻挫を予防する場合は、足関節まわりの筋肉を上手に使えているのか、お尻周りの筋肉をしっかり使えているかをみていきます。2）次にバランス（あるいは神経筋コントロール）がどうかをチェックします。足関節捻挫ならば、不安定な足場で片足だけでしっかりバランスがとれるかをみます。3）最後に筋肉の柔軟性はどうかをチェックします。足関節捻挫ならば、足首がしっかり反ることができるかをみて、ふくらはぎの筋肉が硬くなっていないかをみます。そこに問題があればストレッチをしっかりやっ

てもらいます。

　何も症状がなくても、1）体幹や臀部周囲の筋肉を使えるようにするトレーニングを行うこと、2）バランスのトレーニングを行うこと、3）筋肉の柔軟性を保つために運動前後のストレッチを行うことが予防につながります。これらの項目をカバーしているウォーミングアップの方法として、例えばサッカーにおける外傷・障害予防プログラムであるFIFA11+が参考になります＊。現時点ではバスケットボールに特化した予防プログラムは存在しないことから、こちらをやっていくことをお勧めします。

　様々なケガに対する具体的なトレーニングやストレッチの内容については、それぞれの項目で説明していきます。

＊：FIFA11＋日本語版：https://www.jfa.jp/medical/11plus.html

Point

① スポーツ障害の原因は大きく分けて選手自身の要因（内的要因）とそれ以外の要因（外的要因）があり、両者にアプローチする必要がある。
② 症状がなくても1）体幹や臀部周囲の筋肉を使えるようにするトレーニングを行うこと、2）バランスのトレーニングを行うこと、3）筋肉の柔軟性を保つためにストレッチを行うことが予防につながる。

MEMO

2

バスケットボールの
主なケガ

2　バスケットボールの主なケガ

1 脳振盪
（のう　しん　とう）

このケガをした選手
カワイ・レナード（クリッパーズ［NBA］）
クレイ・トンプソン（ウォリアーズ［NBA］）

 ## 受傷メカニズム

　脳振盪（のう　しん　とう）はアメリカンフットボールやラグビーなどのスポーツで起こると言われていますが、実はバスケットボールでもよく起こる外傷です。相手との接触で頭へ直接的な衝撃が加わった時もそうですが、頭以外の部分が激しくぶつかって頭が揺れた時、いわゆる交通事故のむち打ちのような状態でも脳振盪になります。男性よりも女性プレイヤーに起こりやすいと言われています。

　症状については意識消失が有名ですが、その実際は10％程度だけであって、他にも多彩な症状が現れます。例えば「健忘（けん　ぼう）」という一時的に物事を忘れてしまう状態になることや、「見当識障害（けん　とう　しき　しょう　がい）」といってどこでプレーをしているのか、どの相手チームと試合をしているのかなどがわからなくなることや、手足が伸びて突っ張ったような症状となることや、足のバランスがとれなくなりよろけてしまうような症状もあります。それらは見た目でもわかりやすい脳振盪の徴候となります。ただ、一見はっきりしないような症状もあり、ボーっとした表情になったり、ポジションやサインプレーを間違えてしまうなどがあります（**表1**）。さらには強い頭痛や吐き気を訴えることや、感情的になるといったことも脳振盪の症状です。

表1　外から見てわかる脳振盪の徴候（プレー中止が必要）

- 倒れて５秒以上動けない
- 立ち上がろうとしない／立ち上がってもよろめく
- 手や足が突っ張った状態になる／痙攣する
- ボーッとしてうつろな様子である
- バランスが保てない／うまく歩けない
- 行動がおかしい（違うポジションでプレーをするなど）
- 質問しても見当違いな答えが返ってくる

 なぜゲームをやめさせなければならないのか？

　大事なのは脳振盪を疑った時点で、試合から退場させる勇気を持つことです。一旦プレーをやめてその日は試合に出さないことが必要になります。退場させる時も、首に強い衝撃が加わっている可能性があり、首を動かさないように退場させることが大事です。プレーを継続させることで、頭痛やめまいが続いたり、精神的に落ち込んで「うつ」になったりする「脳振盪後症候群」と呼ばれる状態のリスクが上がったり、脳振盪を繰り返すリスクも高くなります。また試合中のパフォーマンスが落ちてしまうため、膝や足などの他の箇所のケガが起こりやすくなります。よって脳振盪を疑った場合は勇気を持ってプレーをやめさせる必要があります。

治療

(1)受傷後

　ゲームから退場させた後には、１人にしないことが大事です。強い衝撃を頭に受け、時間とともに症状が出現し、突然意識が無くなることもあります。このような症状があった場合は医師による診察を受けて、脳振盪よりさらに重篤な脳出血などが無いかどうか診断することが大事です。

(2)復帰まで

　まずは安静期間をとります。体だけではなく、頭も休ませることが必要となります。通常は７日〜10日で回復します。ただその期間が過ぎればすぐに試合に復帰できるという意味ではありません。段階的競技復帰プロトコールを使用し、それに沿って選手を復帰させることが大事です。

　具体的には、①まず１〜２週間の安静期間を設けて完全に脳振盪の症状がなくなることを待ちます。症状消失後から ②心拍数を上げるだけの軽いジョギングを行い ③良ければスピードを上げてランニングへ ④さらには接触のないバスケ動作を再開し ⑤最終的に接触プレーを含んだ練習へ復帰し（接触プレー再開の前に医師の診察が望ましい）⑥試合復帰となります。各段階は24時間以上あける必要があります。また頭痛やめまいなどの症状が出るならば前の段階へと戻って、症状が消失したら段階を上げていきます。

**Point**

　① 脳振盪を疑う症状があれば勇気をもってプレーを中止する。
　② 他のケガと同様に段階的に運動強度を上げていきながら復帰する
　　 ことが大切。

2 鼻出血・鼻骨骨折

 受傷メカニズム

スポーツの現場で起こる顔面部の骨折では鼻骨の骨折が最も頻回に起こり、バスケットボールでも多く生じます。16歳以上の年齢で頻度が高くなりますが、スピードのあるプレーができるようになるためと考えられます。

正面からまたは側面から鼻部へ衝撃が加わった際に鼻骨骨折は起こります。大事なことは鼻だけでなく頭や首にも衝撃を受けている可能性があるため、「2-1　脳振盪」の項にある"意識状態のチェック"（**表1**）などが必要です。

 治療

鼻の変形があれば鼻骨の骨折があるかどうかは容易にわかりますが、病院を受診してきちんと診断を受ける必要があります。レントゲンやCTを撮って診断しますが、超音波検査が有用だという報告もあります。現場ではまず鼻出血を止血する必要があり、止め方としては鼻翼（鼻の両端）の部分を両側から圧迫し続けます。時間としては10分間圧迫し続けることが必要です。プレーの継続が必要ならばガーゼやティッシュなどを詰めて圧迫しましょう。ほとんどの鼻出血は圧迫することで止血することができます。鼻出血が鼻腔、咽頭腔を通過し口の中に垂れ込んでくるような場合には、血は飲まず外に出すことが必要です。首を後ろに反らして止める選手もいますが、口腔内に鼻

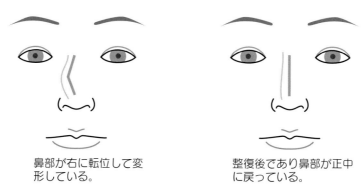

鼻部が右に転位して変
形している。

整復後であり鼻部が正中
に戻っている。

図7 鼻骨骨折に伴う変形

出血が垂れ込んでしまうのでお勧めしません。顔は下に向けた状態で止血を
しましょう。例えば20分間圧迫しても止血できない場合は通常の鼻出血とは
異なる可能性があるので、救急などの医療機関を受診する必要があります。
また変形が明らかにあれば骨折部を整復という処置（変形した骨を元の位置
に戻すこと）が必要となりますので、やはり受診が必要です。受傷後3日
〜10日以内に整復を行わないと変形が残ってしまう可能性があるため、でき
るだけ早めに受診しましょう（**図7**）。

3 **競技復帰**

受傷後（あるいは整復後）6〜8週間待った後に、接触プレーのある練習へ復帰することが推奨されています。予防のためにフェイスガードを装着し早期に復帰する選手もいます（図8）。

図8　フェイスガード

**Point**

① 鼻部への衝撃が加わった際には頭にも衝撃が加わっている可能性があるため、脳振盪のチェックが必要。
② 通常の鼻出血ならば10分間圧迫し続けることで止血される。
③ 変形があれば病院での整復が必要になるため、早めに受診が必要。

2　バスケットボールの主なケガ

3　外傷による骨折・脱臼

このケガをした選手
ドウェイン・ウェイド（肘骨折）（元ヒート [NBA]）
富樫 勇樹（中手骨骨折）（千葉ジェッツ [Bリーグ]）

1　受傷メカニズム

　耐えられる以上の外力が骨に加わった時に骨折は起こります。直接的に外力が加わる（例えばプレー中に転んで床に膝をぶつけて膝蓋骨を骨折する）場合と、外力が加わった場所から離れたところで骨折が起こる（手をついて倒れて肘周囲を骨折する）場合があります。また成長期であれば骨端線という骨が成長する場所となる軟骨があるため、そこに外力が加わって損傷します。例えばダッシュをしたとき太ももの筋肉が急激に働いたことで、その筋肉が付着する骨盤の骨端線が損傷することがあります。膝関節や足関節などの関節部に耐えうる以上の外力が加わると靭帯損傷や脱臼が起こります。脱臼に骨折を合併することもあります。

2　治療

　まず骨折や脱臼をしているかどうかを判断することが重要です。腫れや痛みや変形がその目安となります。骨折や脱臼の場合、そこから出血したり炎症が起こりますので、腫れが強くなります。骨折をした直後はそれほど腫れていないこともありますが、1〜2日間かけて腫れが最も強くなります。痛みについては、骨折部はもちろんのこと、骨折部から離れたところに刺激が加わっても痛みが引き起こされます。普段より強い痛みの場合は骨折や脱臼

を疑います。変形も一つの判断材料になります。脱臼の場合は見た目で分かる場合が多いです。骨折もひどければ曲がっていたり短くなっていたりという変化が外見からわかります。また、選手自身が「音がした」と伝えたり、異常な姿勢をとっていたりしたら骨折・脱臼を疑います。たとえば肩の脱臼や鎖骨骨折では反対側の手で痛めた側を支えるような姿勢をとります。

　初期治療はPRICEの原則に基づいて行います（「1-5　急性期のケガの処置」項参照）。適切にPRICEが行われていれば、整形外科への受診は翌日以降で大丈夫です。脱臼しっぱなしになったり、折れた骨が露出していたり、骨折部よりも先の部分の皮膚の色が悪くなっていたり（動脈が傷ついて血行が悪くなっている可能性があります）、しびれや麻痺（骨折部よりも先の部分が痛みのせいではなく動かせないこと）が出ていたら、すぐさま救急を受診しましょう。骨折や脱臼がひどければ手術での治療が必要になりますし、それほどひどくなければギプスなどの固定や装具で治療します。

リハビリ

　骨折した場所や骨折の形態によって固定期間が決まります。レントゲン（**図9**）やCT検査で骨折の有無をはっきりさせます。超音波検査（**図10**）も骨折や骨端線損傷の診断には有益です。骨折部が癒合するまで固定することが多いです。一般的な固定期間の目安としては、指の骨や肋骨は2〜3週間、鎖骨や前腕部は4〜5週間、上腕骨や肩は6〜7週間です。成長期に起こる骨端線損傷の場合は、骨癒合がそれよりも早く進みます。固定期間が長ければ骨折部の近くの関節が固まりやすくなるので、固定後にはそれだけ長いリハビリの期間が必要です。リハビリで関節の動きと筋力が十分に戻ってからバスケットボールに復帰します。

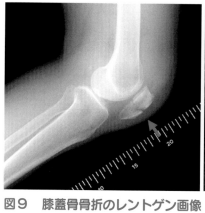

図9 膝蓋骨骨折のレントゲン画像
膝蓋骨の表面に亀裂がある。

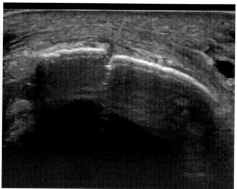

図10 膝蓋骨骨折の超音波画像
骨の皮質（矢印）に亀裂がある。

Point

① 脱臼や骨折は見た目の変形で分かることもあるが、腫れ（1〜2日かけて最も強くなる）や痛みの強さ（骨折部以外のところを触れても痛い）や変形が判断の目安になる。

② 骨折や脱臼で変形が強かったり、麻痺や血流障害を伴っていればすぐさま救急を受診する。

③ 治療期間は骨折部によって異なるためしっかり診断をつけることが重要。

4 肩関節脱臼

このケガをした選手
ケビン・ラブ（キャバリアーズ [NBA]）
辻 直人（広島ドラゴンフライズ [Bリーグ]）

1 受傷メカニズム

　肩関節脱臼はバスケットボールで起こるケガの3〜4％を占めます。初回脱臼時の処置を適切に行わないと肩の不安定性が残ってしまいます。シュート、リバウンド、ディフェンスといった動作は手を挙げた姿勢で行う「オーバーヘッド動作」と呼ばれますが、脱臼を繰り返すことでオーバーヘッド動作時における肩の"痛み"や"力の入りづらさ"や"抜けそうな感じ"といった症状（不安定性）が出現しやすくなります。

　肩関節脱臼は、前方への脱臼が最も起こりやすいため今回は前方脱臼について述べていきます。肩関節の脱臼を起こしやすい肩の位置を脱臼肢位と言います。肩関節を外転させ、さらに外旋させた状態（例1：体の真横で肘を肩の高さまで挙げて、誰かとハイタッチするような状態。例2：投球動作でのボールを保持した手が頭の横を通過する時の姿勢）が脱臼肢位です。オーバーヘッド動作（脱臼肢位での動作）中に手や肘が相手と接触し後方へ強制的に動かされると、前方への脱臼を起こしてしまいます。

🏀 完全脱臼と亜脱臼

完全脱臼：肩関節が完全に外れてしまうことです。肩を元の位置に戻すためには他者の力を必要とし、自分自身で脱臼した肩を整復することができない場合を完全脱臼と言います。

亜脱臼：少し脱臼しても元の位置に自分自身で戻せるような状態を亜脱臼と言います。

　完全脱臼、亜脱臼を繰り返すと肩を支える軟部組織が緩くなったり、肩を形成している骨が徐々に削れてしまうため、肩が緩く（不安定に）なっていきます。

 ## 治療

　脱臼してしまったら痛みをコントールしつつ整復（元に戻すこと）と患部の安静と固定が必要となります。受傷直後に整復ができる有資格者がいればその場で処置してもらえばよいですが、もしいなければ救急病院を受診し整復と固定の処置を受けることが必要となります。

　整復後は手術を行わない治療法（保存療法）が選択されることが多いです。整復後に2〜3週間肩を動かさないように患部の固定を行い、固定後はリハビリとして肩関節の機能訓練を開始し復帰を目指して行きます。10代で脱臼すると脱臼を繰り返すリスクが高く、90%を超えるとの報告もあるため、初回でも年齢を考慮して保存療法ではなく手術に至ることもあります。また脱臼を繰り返す場合は手術を検討します。手術療法における復帰までの期間は4〜6ヵ月程度を必要とします。

 ## リハビリ

　何度も脱臼してしまう様な「肩関節不安定症」への移行を防ぐためには初回脱臼時のリハビリが大切です。初回の受傷時に患部の固定を2〜3週間行うとある程度痛みが軽減しその時点でバスケットボールへの復帰を考えてしまいがちです。しかしながら、再脱臼の予防のためには肩甲骨周囲の筋肉の

図11　腱板（棘上筋）エクササイズ

肘の角度を固定したまま、肩甲骨の延長線上で、親指を上にあげた状態でセラバンドを60度の高さまで引っ張り上げる（矢印）。三角筋（肩の筋肉）を収縮させないようにすることが大切。

トレーニングや腱板のトレーニングを行ってから復帰する必要があります（図11）。これらのトレーニングにより肩関節の安定化を図ってから復帰することが大切です。

🏀 Point

① 肩関節脱臼は初回に適切な治療とリハビリを行うことで、脱臼・亜脱臼を繰り返すような不安定な肩への移行を予防する。

② リハビリで肩甲骨周囲と腱板のトレーニングを十分に行った後に復帰する。

2　バスケットボールの主なケガ

5 指の脱臼、突き指や骨折、捻挫

このケガをした選手
ステフィン・カリー（脱臼）（ウォリアーズ［NBA］）

① 脱臼

(1)受傷メカニズム

　指の脱臼は、ボールや相手との接触やバスケットゴールのリングに衝突して受傷することが多いと言われています。受傷直後に現場ですぐ判断できるのが脱臼です。指の先端がボールや相手と接触して脱臼します。特に指の第2関節（PIP関節、母指ならばMP関節）の脱臼が多いです。有資格者のトレーナーや医師が現場にいれば、整復することは可能ですが、整復できないような場合は救急外来や整形外来などをすぐ受診してください。

(2)治療

　脱臼では関節を支えている組織（靭帯や関節包）が損傷しているため、整復後の治療には"固定"と呼ばれる関節を動かさない期間を要します。3週間程度の固定期間後に専門的な指のリハビリが必要となるため、整復後「痛みが改善したので大丈夫」と判断するのではなく整形外科、またはスポーツ整形を専門としている病院を受診することをお勧めます。固定期間が長ければ長いほど、指の曲げ伸ばしができなくなり関節が硬くなります。逆に固定期間が短いと損傷した靭帯の治癒が間に合わず、関節を支えられない状態、いわゆる"関節が緩い"状態となってしまい、再脱臼や亜脱臼が起こりやすくなります。再脱臼を繰り返すと関節を形成している軟骨を痛めてしまい、

将来的に関節が変形し（変形性関節症）、動きの悪い指となる可能性があります。よって脱臼が治ったから放置ではなく、そこからが大事ですので病院を受診しましょう。

突き指（マレットフィンガー）

(1)受傷メカニズム

　脱臼と同じ受傷機転ですが、脱臼よりも頻繁に起こるのが"突き指"です。受傷直後の突き指を現場で見て、骨折しているかどうかの判断は難しいと思います。医学的に突き指は"マレットフィンガー"と呼ばれており、指を伸ばす時にボールなどが当たり、強制的に指の先端を曲げられるような状態で受傷します（図12）。

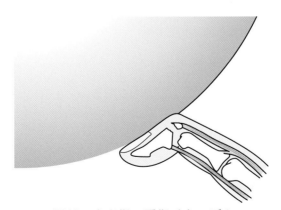

図12　突き指の受傷メカニズム
強制的に指を曲げられると起こる。

（2）治療

　多くは第１関節（DIP関節；先端に最も近い関節）で起こり、受傷直後その関節が伸ばせない場合は医療機関の受診が必ず必要です。なぜならそこには骨折または指を伸ばすための腱が断裂している可能性があり、もしそうならば手術を必要とします（**図13**）。

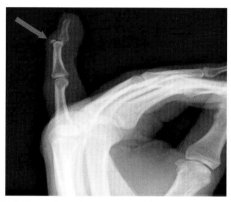

図13　骨折をともなう突き指のレントゲン画像：手術が必要な状態

❸　捻挫（靭帯損傷、掌側板損傷）

（1）受傷メカニズム

　捻挫も突き指のような受傷機転で起こります。受傷直後変形していないが腫れていて、病院を受診して脱臼や骨折、腱の損傷がない時に「捻挫」と診断となることが多いです。しかしながら捻挫は「捻って挫いたという」状態を表現している言葉であって、詳しく調べると靭帯や掌側板という関節を支えている構造が損傷していることがあります。

(2)治療

　受傷直後はPRICE（「1-5　急性期のケガの処置」項参照）を行います。軽度の損傷（靭帯や掌側板が少し伸びただけの状態）であればすぐに治りますが、靭帯や掌側板の損傷が大きければ3〜6週間程度患部を固定します。診断によって固定期間が変わり、固定が長ければ長いほど指が硬くなるため専門的なリハビリが必要となります。

Point

① 指の脱臼では、関節を支えている組織（靭帯や関節包）が損傷しているため、整復後の治療には固定する期間を要する。
② 突き指では、受傷後にその関節が伸ばせない場合は、手術を必要とする可能性がある。
③ 捻挫でも、やはり靭帯や掌側板が損傷している可能性があり、固定期間が必要となる。

2 バスケットボールの主なケガ

6 腰椎分離症
ようついぶんりしょう

① 受傷メカニズム

　腰椎分離症は腰を反る動作や、投げる時の腰の回旋動作（ひねり）によって引き起こされる骨折あるいは骨挫傷です。そのような動作が繰り返されるスポーツ、例えば野球のピッチング動作、体操、ウェイトリフティングなどで多く、バスケットボールではシュートの際の腰を反る動作や、ドリブルでカットインする際の捻る動作がリスクとなります（図14）。日本人では４％の人に起こり、特にスポーツをやっている19歳以下の患者で２週間続くような腰痛だと、その30〜40％が腰椎分離症と診断されたというデータもあります。腰椎分離症には２つのタイプがあり、一回腰を思いっきり反ったときに痛めてしまう急性の場合と、繰り返し反る動作を行ってしまい痛めてしまう場合とがあります。腰椎の両側に起こる場合は、より重症である腰椎すべり症に移行しやすいと言われています。

図14　腰椎分離症は腰を反るようなスポーツ動作によって生じる

 治療

　治療のためにはまず正しい診断が必要です。片側だけに起こった場合や、早期に見つかった腰椎分離症である場合は、骨が癒合しやすい（治りやすい）です。ある研究によると早期に見つかった人の94％が骨癒合しますが、進行した状態で見つかった場合は骨癒合の割合が27％〜64％と低下し、最終状態である末期に見つかった人の骨の癒合率は０％です。手術になることは稀で、手術をしない方法（保存療法）で治療を行います。まずはスポーツを一旦中止することです。中止期間は約２〜６ヵ月が目安となり、薬で痛みのコントロールを行いつつリハビリを行います。硬いタイプのブレース（腰のサポーター）を４〜６週間装着させ、症状が落ち着くまでの期間が過ぎれば、ブレースを外し腰への負荷を徐々に上げ、そこから約６〜８週間かけて試合復帰を目指します。

③ リハビリ

　腰椎分離症が疑われた段階でリハビリを開始します。骨の治り具合に合わせて段階的に強度を上げて行うことが重要です。リハビリのキーとなるのは体幹（コア）です。腹横筋、腹斜筋、多裂筋と言った筋群をコントロールして使えるようになることが大切になります（図3，4）。また、股関節の柔軟性が必要であるため特にハムストリングを中心としたストレッチを行います（図15〜17）。さらに腰椎の上位になる胸椎の可動性も向上させ（図18）、腰椎に負担がかかりすぎないような動きを獲得します。また全身持久力を落とさないようにエアロバイクなどで腰に負担がかからない有酸素運動を行います。

図15　大腿四頭筋ストレッチ

側臥位で上側の膝を屈曲させて片手で足を保持し、そのままその手を後ろに引っ張る。反対の脚は股関節を屈曲させて体の前に膝が置かれるようにする（腰椎の過伸展予防のため）。

図16 ハムストリングストレッチ（ジャックナイフストレッチ）

しゃがんで足首を持ち、この時踵が浮かないように気を付ける。足首を持ったまま胸に太ももを付着させる。

胸に太ももを付着させたまま膝を伸ばしていく。この時お尻をしっかりと上げて行き、ハムストリング（矢印）を意識し10秒間キープして元の態勢に戻る。

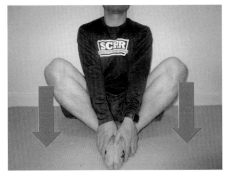 

図17 股関節内側部（内転筋）のストレッチ

足底を合わせあぐらをかく。そのまま両膝を力を抜いてゆっくりと降ろす（矢印）。

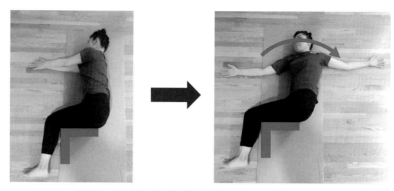

図18　胸椎可動性改善のためのストレッチ

側臥位の状態で、骨盤が倒れないように両膝と両股関節を大きく曲げる。両肘を伸ばし
両手を合わせた状態から後ろを振り向くように胸椎を回旋して（捻って）行く。この捻
る動作を繰り返して行く。

❹　予防

　腰椎分離症はその多くが疲労骨折であるためカルシウムやビタミンDの摂
取が推奨されます。牛乳が苦手な人はサプリメントで栄養摂取を補助しても
よいでしょう。またオーバーユース（使い過ぎ）にならないように練習量の
調整も必要です。一度腰椎分離症になり治癒した人も体幹（コア）のトレー
ニングやストレッチを継続することが再発や新たな腰椎分離症の予防にもな
ります。

 **Point**

① 腰椎分離症はその多くが疲労骨折で早期に診断されれば治癒しやす
　いが、それでもバスケットボール復帰までは2～3ヵ月かかる。
② リハビリでは体幹のトレーニングと股関節周囲のストレッチと胸椎
　の可動性の改善が中心となる。
③ 疲労骨折の治療として、栄養の改善や運動強度の調整も必要。

7 腰椎椎間板ヘルニア

このケガをした選手
ドワイト・ハワード（セブンティシクサーズ［NBA］）

① 受傷メカニズム

　スポーツ選手の腰痛の原因として腰椎分離症と並んで多いのが腰椎椎間板ヘルニアです。腰椎椎間板ヘルニアというのは、腰椎椎間板の中の髄核という組織が破裂し外に出てしまうことを言います。体をひねったり、前かがみになったり、息むことで腹圧が上がって、椎間板に圧がかかることによって、椎間板の髄核が外に出てしまいます。それが近くの神経を圧迫・刺激することで、腰痛や足に広がるような痛みや痺れといった症状となります。特に太ももの裏側から足の甲や足の裏に響くような痛みとなることが多いです。20〜35歳に起こりやすく、成長期に起こりやすい腰椎分離症に比べ高い好発年齢となります。両足の痛みが失禁（排尿や排便をコントロールできないこと）を伴って出現した場合は、緊急で手術となる可能性があるため救急を受診することが必要です。足趾（足の指）に力が入りづらい、踵上げができないといった症状が出現した場合は、運動を司る神経が圧迫を受けているサインです。救急を受診する必要はありませんが、早めの病院受診が必要となります。

② 診断と治療

　治療は正しい診断を元に行いますので、まずは病院を受診し診断をしても

らうことが必要です。保存療法（手術をしない治療）で約90%が６週間程度で改善すると言われています。NBA選手のデータでは82%の腰椎椎間板ヘルニアの選手が、６週間でバスケットボールに復帰できたというデータもあります。成長期ならば腰椎が成長する場所である骨端軟骨（終板）の障害に注意が必要です。腰椎椎間板ヘルニアの25%に伴っている可能性があるため、成長期に腰椎椎間板ヘルニアを発症した場合は注意が必要です。

 ## リハビリ（治療）

　痛みについてはおおよそ２週間程度で改善していくためその時期よりリハビリを進めていきます。リハビリの内容は腰椎分離症とほぼ同様です。体幹（コア）にある腹横筋、外腹斜筋、内腹斜筋、多裂筋といった筋群をしっかり使えるようになるためにトレーニングしていきます（図３，４）。ストレッチでは股関節周りの柔軟性を獲得していくことはもちろん（図15〜17）、さらに腰椎の上位になる胸椎の可動性も向上させ（図18）、胸腰椎をコントロールして動かせるよう進めていきます。椎間板に負荷がかかり過ぎる体幹のひねり動作や前屈動作は痛みがしっかり消失してから徐々に再開していきますが、６週間経過しても症状が改善しない場合は手術を考慮する必要があります。

④ 予防

　予防も分離症と同じです。上記のリハビリの内容を継続して行うことが予防、再発予防に繋がります。

**Point**

① 腰椎椎間板ヘルニアは腰痛や足に広がるような痛みや痺れといった
　　症状の時に疑う。
② 腰椎分離症と同様にリハビリでは体幹のトレーニングと股関節周囲
　　のストレッチと胸椎の可動性の改善が中心となる。

2　バスケットボールの主なケガ

8　股関節痛

このケガをした選手
アイザイア・トーマス（元ペリカンズ［NBA］）

 受傷メカニズム

　股関節痛（あるいは鼠径部痛と表現される場合もあります）の原因は多岐にわたります。大まかに分けて、突然起こる外傷性（１回のケガで生じたもの）と徐々に起こる障害（繰り返しのストレスで生じるもの）に分けられます。

(1)外傷性

　大腿四頭筋（太ももの筋肉）が急激に働くことによって、それらが付着する骨盤に裂離骨折（骨が剥がれる骨折）が起こります。例えばダッシュをしたときに股関節の前側が突然痛くなってプレーできなくなったという時がそうです。成長期にはまだ骨端軟骨（骨が成長するところ）が残っており、そこの部分は構造的に弱いため裂離骨折が起こりやすいのです（図19）。また小学校高学年から中学生くらいの成長期には、股関節周りの筋肉の柔軟性が低下しやすい（骨は自然に伸びても筋肉は自然に伸びない）ので、その時期に多く起こります。また股関節の内側を走る内転筋という筋肉の肉離れによって突然の痛みが生じることもあります。

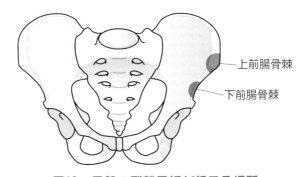

上前腸骨棘

下前腸骨棘

図19　骨盤の裂離骨折が起こる場所

骨盤が前面に出張っている箇所である上前腸骨棘や下前腸骨棘。

(2)障害

　繰り返される負荷で痛みが出るような状態を障害といいます。股関節を屈曲させた時（例えばディフェンスの構えを作る時やピボットをする時）に繰り返し痛みがでる場合は、太ももの骨と骨盤が衝突して痛みが生じる「大腿臼蓋インピンジメント」という状態の可能性が高いです。また股関節を動かしたときに途中で引っかかりがあったりパキンという音があったりすると、スナッピングヒップといって筋肉や腱（腸腰筋腱や大腿筋膜張筋）と骨（骨盤や大腿骨）がこすれて痛みや音が鳴っている可能性があります。このような特徴的な動作・音がないにもかかわらず、走ったり股関節を大きく動かすと痛くて、休むと軽減することが3週間以上続く場合は疲労骨折の可能性もあります。大腿骨頚部と呼ばれる場所や恥骨部に疲労骨折が隠れている場合もあります。

治療

　ほとんどの場合はリハビリを中心とした保存療法で治癒しますが、大腿臼蓋インピンジメントやスナッピングヒップでは手術加療となる場合もあります。正しい治療のためには正確な診断が必要となりますので、スポーツを専門とした病院を受診することをお勧めします。臼蓋形成不全など小児期からの異常が隠れている場合もありますので、レントゲンを含めた画像診断が必要です。またスポーツヘルニアといってスポーツ動作によって腸の一部が腹腔内から脱出してくることが稀にあり、それが原因となる可能性もありますので正確な診断は必須です。裂離骨折や疲労骨折がみつかれば骨が癒合するまでバスケットボールからの離脱期間が必要になりますが、その他の原因の場合は、リハビリで動作を改善しながらプレーを継続できることが多いです（重症であれば休むこともあります）。

 ## リハビリ

　どのような原因であったとしても、まずはリハビリを行うことが第一となります。特に成長期では、骨の成長に筋肉や神経の成長が追いつかないので、筋肉をバランスよく動かせなくなっています。上半身と下半身をバランスよく動かす訓練（**図20**）や、上半身と下半身の間に位置する体幹が安定している必要がありますので、体幹トレーニングが必須となります（**図3，4**）。また股関節周囲の柔軟性をアップさせるストレッチも必要です（**図15～17**）。

図20 クロスモーション

体幹を安定させつつ、バランスよく上肢と下肢を動かすトレーニング。片脚立ちの状態でボールを蹴るように脚を前後に振り、同時に反対の上肢を脚と同じ方向に動かす。

Point

① 股関節痛は正しい診断のもとにリハビリを行えば手術を行わずに治療できる場合が多い。

② リハビリでは体幹の安定性や、上半身と下半身を協調させる運動や、股関節周囲のストレッチが中心になる。

9 大腿部の筋挫傷（モモカン）

このケガをした選手
田中 大貴（アルバルク東京［Bリーグ］）

 受傷メカニズム

　"モモカン"、"ちゃらんぽ"、"モモカツ"、"チャーリーホース"など様々な名前で呼ばれています。例えば、相手プレイヤーの膝によって自分の太ももに強い衝撃が加えられた際に、太ももの筋肉が骨との間に挟まれて出血します。この状態を大腿部筋挫傷と呼びます。筋肉が損傷するほどの大きな衝撃でなかった場合はいわゆる打撲になります。バスケットボールでは多いケガと言われており、特に男性のプレイヤーに多く見られます。ときに出血が多くなり、大きな血の塊（血腫）ができてしまうこともあります。痛みで足を引きずって歩く跛行という状態になることも特徴です。

　痛みが強くて膝が曲げられないときは、大量の血腫が溜まっていることがあります。大量の血腫によって周囲の神経や血管を圧迫してしまう「コンパートメント症候群」の状態となる可能性もあります。具体的にどの程度の症状でコンパートメント症候群が疑われるかですが、受傷後に痛くて膝が45度以上曲げられず腫れが強いときです。この場合はすぐに病院を受診した方がよいでしょう。膝を45度以上曲げることができて、腫れが強くなければ翌日まで待って病院を受診しても良いでしょう。病院で筋肉内に血腫があるかどうかの評価を医師に行ってもらう必要があります。評価には超音波検査やMRI検査がありますが、超音波ならばすぐに評価を行うことができます（**図21**）。

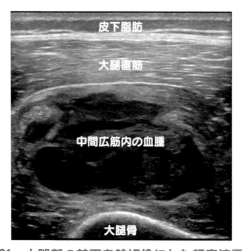

図21 大腿部の前面を輪切りにした超音波画像
大腿四頭筋の一部である中間広筋内に血腫の貯留（黒＝低エコー領域）がある。

② 治療

　膝を十分曲げることができれば痛みに応じてプレーを継続してもよいです。膝を45度以上曲げることができない場合や、痛くて体重を足にかけることができない場合は一度プレーを中止させた方が良いでしょう。プレー中止後は患部側の膝を曲げて、松葉杖で体重をかけさせないようにします。膝を曲げさせる理由は、そのことで太ももの筋肉が圧迫されるので出血が広がることを防ぐことができるからです。前述したPRICEの処置（p.22参照）も血腫の拡大防止に効果があります。痛みに関しては市販の痛み止めを飲んでも良いですが、痛み止めに含まれるNSAIDs（非ステロイド性抗炎症薬）と呼ばれる成分は、筋肉の修復を阻害する効果もあるため受傷から３日までにしましょう。もし血腫が大量に溜まっている場合は、血腫を抜く処置が必要となります。それによって膝が曲がりやすくなりますし、血腫から骨が作られるよ

うな合併症（骨化性筋炎）を予防する目的もあります。骨化性筋炎になってしまうと復帰まで半年から１年程度かかってしまいますので、受傷して早い段階で血腫を少なくする処置が必要です。

 ## リハビリ（復帰時期）

　痛みなく膝の曲げ伸ばしができるようになれば、ランニングやアジリティー（敏捷性）のトレーニングに参加してよいです。それらが痛みなく行えているようであれば、練習への参加も良いでしょう。軽症であれば１週間程度で復帰していきます。血腫がしっかり貯留しているような重症例では４週間程度かかります。この復帰時期の目安となるのが血腫ですので、病院を受診し血腫の評価をしてもらうことが重要です。

Point

① 太ももに強い衝撃が加わった後に膝を45度以上曲げられないときは血腫が溜まっている可能性があるので病院を受診する。
② 血腫が広がらないようにPRICEならびに膝の屈曲を行う。

10 肉離れ（下肢）

このケガをした選手

アンソニー・デイビス（レイカーズ［NBA］）
ジェームズ・ハーデン（ネッツ［NBA］）

1 受傷メカニズム

　肉離れは二つの関節をまたぐ筋肉に多く起こります。例えば腓腹筋（ふくらはぎ）・ハムストリング（太ももの裏側）・大腿四頭筋（太ももの前側）は、足関節と膝関節あるいは膝関節と股関節をまたぎます。長い距離を走行するこれらの筋肉が急激に力を発揮した場合に肉離れは起こります。特に筋肉が引き伸ばされながら力を発揮するときに起こりやすいです。例えばステップバックのように後方に大きくステップし、ディフェンスとの間にスペース（間合い）を作る際には、後方にステップしている足の腓腹筋はストレッチがかかりながら力を発揮する状況となり肉離れが起こりやすいです。スピードがあるプレーヤーはスプリントでのハムストリング肉離れが多く起こりますが、30代を超えてくると腓腹筋の肉離れが多くなります。

2 治療

　運動中に突然鋭い痛みがでて、断裂するような音がすれば肉離れの可能性が高いです。歩けなくなることもあります。重症であればその部位に血腫（皮膚が紫色になります）ができたり、陥凹（へこんでいること）が触れてわかります。まずは初期治療としてPRICE（p.22参照）を行います。正確な診断には超音波検査やMRI検査が必要となりますので、受傷翌日以降にスポ

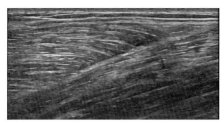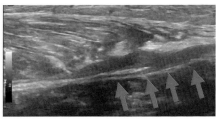

図22　腓腹筋の肉離れの超音波画像

正常の腓腹筋の超音波画像では筋線維
（白の横線）の連続性が保たれている。

腓腹筋肉離れの超音波画像では筋線維
の連続性が断たれている（矢印）。

ーツを専門とする病院を受診してください（**図22**）。骨から剥^{はく}離^りするような
形の重症な肉離れだと手術となる可能性がありますが、多くは保存療法（手
術をしないリハビリを中心とした治療）で治癒します。バスケットボール復
帰までの大まかな目安は、軽症ならば2〜4週間、中等症ならば3〜8週間、
重症ならば2〜3ヵ月（手術になればそれ以上）となります。

 ## リハビリ

　肉離れ、特にハムストリングの肉離れは再発しやすいです。肉離れの既往
がないプレーヤーと比較して2〜6倍受傷のリスクが高くなると言われてい
ます。その他のリスク因子としては、ウォームアップ不足、下肢の柔軟性低
下、体幹の安定性不良、筋力のバランス不良などがあります（左右での筋力
の差とハムストリングと大腿四頭筋の筋力のアンバランス）。リハビリでは
まず体幹の筋力をしっかりアップさせながら、痛みに合わせてストレッチを
行い柔軟性の改善を図ります。肉離れした筋肉の連続性が回復してきたら、
損傷した筋肉をしっかり鍛え直して、筋力の左右差がなくなるように努めま
す。またハムストリングと大腿四頭筋のバランスも大事ですので両方とも鍛

え直しましょう。復帰をする際にも、急激な筋肉の収縮が起こるような動作（スプリントやカットイン動作）は最後の段階にしましょう。ジョギングから再開して、ランニング、加速走、スプリント、カッティング、ゲームへの復帰と段階を踏んで上げていくことが重要です。これらによって再発の予防に努めます。復帰した後も体幹のトレーニングや柔軟性が維持されるようなストレッチは予防として続けつつ、ウォームアップをしっかり行いましょう。

 **Point**

① 肉離れは腓腹筋（ふくらはぎ）・ハムストリング（太ももの裏側）・大腿四頭筋（太ももの前側）に起こりやすい。

② 肉離れ（特にハムストリングの肉離れ）は再発しやすいため、再発予防のためにリハビリをしっかり行って復帰することが必要。

11 ジャンパー膝（膝蓋腱炎）
ひざ　しつ　がい　けん　えん

このケガをした選手
ドウェイン・ウェイド（元ヒート［NBA］）

　ジャンパー膝はジャンプ動作の多いスポーツで生じやすく、バスケットボール選手やバレーボール選手、陸上の三段跳びの選手に多いです。女性より男性に多く、特に競技レベルの高いエリート選手に多いことも特徴です。次項で述べるオスグッド病も同じような受傷機転で起こるのですが、ジャンパー膝（膝蓋腱炎）は思春期から30代ぐらいに、オスグッド病は成長期に起こります。

 ## 受傷メカニズム

　ジャンプによる繰り返しのストレスで、膝のお皿の下に位置する〝膝蓋腱〟という部分に小さな断裂が起こります。通常はしっかり休養をとれば元の組織に戻りますが、それが十分回復する前に練習に参加することで再び大きな負荷がかかり、正常な組織に回復できなくなってしまったものをジャンパー膝（膝蓋腱炎）といいます。オーバーユース（使いすぎ）が原因で、症状や超音波検査・MRI検査で重症度の段階づけを行います（図23）。

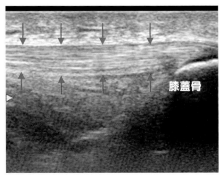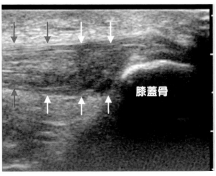

正常な膝蓋腱（橙矢印・横走する白い直線の束）

膝蓋腱炎（橙矢印部は正常だが、白矢印部は正常な組織に回復できずに異常になった膝蓋腱：エコーでは黒く厚く映る）

図23　ジャンパー膝の超音波検査画像

 治療

　治療はリハビリが中心になりますが、残念ながら確実に治るという内容のリハビリは見つかっていません。膝が内側に入りやすい人に多いためそれを改善するため、体幹や臀部（でんぶ）の筋力強化を行うことがリハビリ方法として挙げられています（**図3～5**）。膝蓋腱が関与している大腿四頭筋（だいたいしとうきん）に対して遠心性収縮のトレーニング（スクワットのような膝を曲げていきながら負荷をかけるトレーニング）を行うことが勧められています。しかし実際にそれを行うことは痛みが生じやすく、痛みに対する治療がまずは必要です。超音波検査で膝蓋腱をみながら患部へと注射を行うことによって痛みを緩和させつつリハビリを併用します。また自費の治療ではありますが（2021年6月現在）血液から抽出して濃縮した血小板を患部に注射する"PRP療法"や"体外衝撃波"が有効ではないかと言われています。

3　治療期間

　一番軽い段階であればおよそ20日程度で復帰できますが、より重度の段階では膝蓋腱が変性した状態（質が悪くなった状態）であるため３ヵ月ほど治療期間がかかります。しかも長期間かけても完全によくならず、最終的に手術を行う場合もあります。そうならないように、痛みが出たら、小さな損傷が起こっている段階でしっかり回復を促すためにリハビリを行うことが大事です。

Point

①ジャンパー膝が重度の段階になると長い治療期間や手術が必要となる。
②膝蓋腱の痛みがあれば、初期の段階でリハビリをしっかり行って重症化させないことが必要。

12 オスグッド病

このケガをした選手
シャキール・オニール（元レイカーズ［NBA］）

オスグッド病は8歳〜15歳の年齢に起こりやすく「成長痛」と思って受診したらオスグッド病という診断名がつくことが頻繁にあります。女子よりも男子に多いことや、両側の膝に起こりやすいというのが特徴です。

受傷メカニズム

痛みの部位である脛骨粗面という部分には、膝蓋腱が付着しています。膝を伸ばす筋肉である大腿四頭筋の収縮によって膝蓋腱が牽引され、さらにその付着部である脛骨粗面が引っ張られて"骨端症（軟骨が損傷すること）"という状態になります。太ももの前方の筋肉である大腿四頭筋や、後方に位置するハムストリングの筋肉が硬いと症状が出やすいです。特徴的なのは脛骨粗面が飛び出てきたように見えることや、膝立ちすると脛骨粗面が当たって痛いという訴えです。

治療

リハビリが治療の中心になります。大腿四頭筋やハムストリングの筋肉が硬いと起こりやすいため、ストレッチが治療の中心となります。ジャンパー膝（膝蓋腱炎）に比べて治りやすく、成長し大人の骨になればほとんどの場

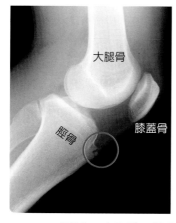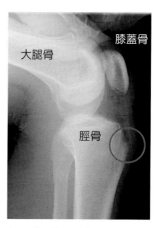

図24 オスグッド病のレントゲン画像

膝関節を横からみたレントゲン画像で、橙色円部分が脛骨粗面である。

左：脛骨粗面に骨の変形と突出があり、痛みもあったため内視鏡で摘出した。

右：脛骨粗面の骨の変形と突出が切除後に消失している。

合で痛みが良くなります。ただし10%の人に大人の骨になっても痛みが残存しています（**図24**）。そういった場合は手術で突出した骨を切除するということが必要になることがあります。また膝蓋腱に装具をつけるという方法もありますが、必ず痛みが消失するわけではありません。最近の治療として超音波検査で患部をみながら注射すると良いという報告もあります。ただしどの治療も万能ではなく十分なストレッチを併用して行うことが必要不可欠です。

Point

① オスグット病は成長期に起こる体の硬さが原因となる。

② ストレッチをしっかり行うことが予防と治療になる。

13　前十字靭帯損傷

このケガをした選手
デリック・ローズ（ニックス［NBA］）
渡嘉敷 来夢（ENEOSサンフラワーズ［Wリーグ］）

受傷メカニズム

　膝を支える靭帯の１つに前十字靭帯（ACL）があります（**図25**）。バスケットボールにおいてACL損傷は頻度の多い外傷で、なおかつ復帰にも時間がかかる厄介なケガの一つです。アメリカでは年間約20万人が受傷すると言われており、女性が男性に比べ３倍多く受傷するそうです。特に高校生の年齢に多いと言われています。

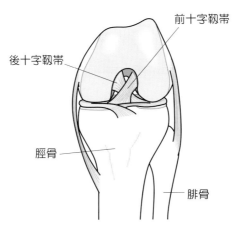

図25　前十字靭帯の解剖（左膝を前面からみたところ）

(1)なぜバスケットボール選手に多いのか？

　バスケットボールの特徴的動作である、ピボット動作、カットイン動作やジャンプの着地での動作などが、ACLを損傷しやすい身体の動きに当てはまるからだと思われます。そのような動作で膝を捻ってしまい、膝がズレた感覚があったり、膝の中で断裂したような音（ポップ音）がしたり、または捻った後に膝がすごく腫れたりするとACL損傷を強く疑います。その場合はスポーツ整形の専門医がいる病院の受診をお勧めします。

(2)診断を確定するには？

　確定診断を行うためにMRI検査でACL損傷を診断します。またその他にも合併症として内側側副靭帯や半月板の損傷が同時に発生することが多く、こちらもMRI検査で診断します。20〜40%の確率でそれらを合併すると言われています。

② 治療

　大きく分けて手術療法と、手術をしない保存療法に分けられます。手術については、トップアスリートであれば手術を早く行うべきだと言われています。というのも、保存療法でバスケを続けると、膝がズレるような症状である「膝くずれ」が起こりやすくなります。この「膝くずれ」を繰り返し起こすと膝を構成する半月板や軟骨を痛めてしまうためです。トップアスリートとまでは言わず、レクリエーションのように楽しんでいる方では手術をしないでリハビリを中心とした保存療法を行うのも選択肢の１つです。痛みと腫れは１ヵ月もすればよくなり日常生活での支障はなくなり、直線的な動作はできるようになります。ただし、３ヵ月以上リハビリをやってもカットイン動作やピボット動作で「膝くずれ」を起こすようであれば、手術にてACLを

作り直すということをお勧めします。

❸ リハビリ

　手術を受ける・受けないに関わらずリハビリがとても大事です。手術をした場合、術後６〜８ヵ月でバスケットボールに復帰と以前は言われていましたが、作り直した靭帯が９ヵ月かけて自分のものになった頃に復帰することが最近では推奨されています。ランニングを開始するのが術後３〜４ヵ月程度、練習に部分的に参加するのが６〜８ヵ月ぐらい、試合への復帰が９ヵ月程度と推奨されています。

❹ 予防

(1)装具
　予防のための装具はありますが、100％ACL損傷の予防ができるわけではありません。ただし装具をすることでの安心感があるという選手もいるため、パフォーマンスが上がるならば装着してもよいかもしれません。

(2)体の使い方
　体の使い方を向上させることで、安定したジャンプの着地やピボット動作やカットイン動作ができるようになり、それが予防につながります。股関節周囲や体幹を強くすることが推奨されます。またランジと呼ばれる動作において、つま先と膝が一直線になるような動きを獲得することが予防につながります（図26〜28）。他にも多くのトレーニング方法がありますが、サッカーで導入されているFIFA11＋や女子ラグビーで導入されているSKIPなどのプログラムが参考になります。

良い姿勢
膝とつま先が同じ向き。

不良姿勢
膝がつま先より内側を向く。

図26　Knee in しない*動作：フロントランジ
* Knee in しない：つま先と膝が一直線になり、内側を向かない。

良い姿勢
膝とつま先が同じ向き。

不良姿勢
膝がつま先より内側に向く。

図27　Knee in しない*動作：サイドランジ

良い姿勢
両膝と両足の向きが同じ。

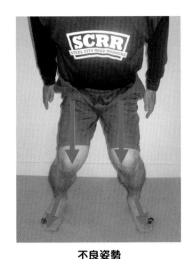
不良姿勢
両膝が両足より内側に入る。

図28　Knee in しない*動作：ジャンプからの着地姿勢

**Point**

①バスケットボールにおいてACL損傷は頻度の多い外傷で、復帰に
　も時間がかかる厄介なケガの一つである。
②トップ選手ならば手術加療を勧めるが、手術を受ける・受けないに
　関わらずリハビリがとても大事。
③予防プログラムをウォームアップで実践する。

2 バスケットボールの主なケガ

14 膝の内側側副靱帯損傷
な い そ く そ く ふ く じ ん た い そ ん しょう

このケガをした選手
ステフィン・カリー（ウォリアーズ[NBA]）

 ## 受傷メカニズム

　膝を構成している靱帯の１つである内側側副靱帯（MCL）損傷も、バスケットボール選手を含むアスリートにとって非常に多い膝の外傷と言われています。MCL損傷はアスリートの膝のケガの約８％を占めており、前十字靱帯（ACL）の損傷と合併することがあります。メカニズムとしては相手と接触した時や、方向転換の際に膝が内側に入るような「外反」という動作で受傷することが多いです。ACL損傷に比べ受傷後の腫れは強くないですが、膝の内側を痛がることが多いです。

　診断にはMRI検査や超音波検査が使用され、損傷の程度を評価し治療方針を決めて行きます（図29）。

 ## 治療とリハビリ

　MCLは血流が良いため、手術を行わず自然治癒する場合が多いです。軽い損傷・中等度損傷の場合、以前までは装具で膝を３週間固定し体重をかけないように治療するのが一般的でした。現在は「1-5　急性期のケガの処置」項で説明した「Optimal Loading（適切な負荷）」の考えに変わりつつあり、スポーツに精通したスタッフ、ドクターや理学療法士などの管理のもと早い段階から「適切に」負荷をかけていきます。痛みと腫れが落ち着いたら受傷

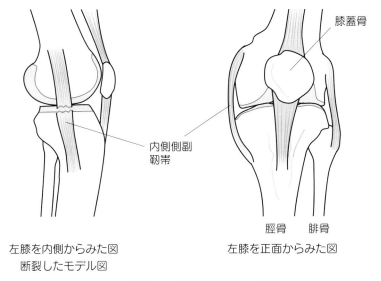

膝蓋骨

内側側副
靭帯

脛骨　　腓骨

左膝を内側からみた図　　　　　左膝を正面からみた図
断裂したモデル図

図29　内側側副靭帯の解剖

　後早期（48時間後以降）から膝を曲げ伸ばしする練習を開始、膝を伸展させ
る筋肉である大腿四頭筋に力が入っていれば、体重をかけての歩行も痛みに
応じて行うように変わってきています。膝の外反を防止する装具（**図30**）を
装着しながらリハビリを行うことが多いです（テーピングでもOKです）。体
重をかけての歩行ができればジョグへすすめ、ジョグがOKならスプリント
へ進めます。スプリントができればピボットやカッティング動作を行い、練
習に復帰していきます。練習でも問題なければ試合復帰となります。週ごと
に少しずつ負荷を増やしていくのがポイントです。
　アメリカの研究では試合復帰までに必要とする日数として下記があります。
軽い損傷：10日程度（１～２週間）　**中等度の損傷**：20日程度（３週程度）
重い損傷：ACL損傷の合併があれば手術になりますし、ACL損傷の合併がな
　　　　　ければまず２ヵ月間リハビリを行い、それでも靭帯損傷による
　　　　　関節の緩さ、痛みが出現するようなら手術になります。

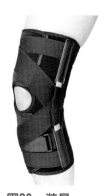

図30　装具

（日本シグマックス株式会社提供）

　よって、まずはスポーツに精通する病院を受診し損傷の程度を正しく評価してもらうことが必要になります。

🏀 Point

① 膝内側側副靱帯損傷は頻度の高いケガで、膝が内側に入るような動作で生じる。

② 重症でなければ自然治癒が期待できるケガなので、しっかりとした診断が必要となる。

③ 段階的に適切な負荷をかけていき、バスケットボールへの復帰を行う。

15 半月板損傷
はん げつ ばん そん しょう

このケガをした選手
ザイオン・ウィリアムソン（ペリカンズ［NBA］）
田臥 勇太（宇都宮ブレックス［Bリーグ］）

 受傷メカニズム

　半月板とは膝関節を構成する大腿の骨と脛の間にあるC型をした線維軟骨です。内側・外側にそれぞれあり、主にクッションの役割を果たしています。バスケットでは、選手同士の接触や、ピボットのターン動作で半月板を損傷することが多いです。症状としては膝が腫れたり、膝を深く曲げた時に痛みが出現したり、膝の中で何かが引っかかるような症状がでたり、"ロッキング"と言われる「膝を伸ばすことができないが、ある角度から伸ばすことができるようになる状態」などがあります。日本人の３％には"円板状半月板"という、生まれつき半月板が大きい人がいます。その人たちは半月板を損傷しやすいと言われています。診断をはっきりさせるためにはMRI検査が必要ですが、超音波検査を用いても半月板損傷の診断ができるという研究も出てきています。上記の症状が出現した場合はスポーツを専門としている病院を受診してください。

 治療

　半月板というのは自然治癒が起こりにくい組織で手術となることが多いです。プレイ中に膝の中で引っかかりがある場合や、膝の痛みでプレイに支障がある場合は手術を考慮します。手術には損傷した部分を一部切除する（1）

「部分切除術」と、損傷した部分を縫合する（2）「修復術」というものがあります。どちらの手術にもメリットとデメリットがあります。

(1)部分切除術

　「部分切除術」は術後１〜２ヵ月程度で試合への復帰となり早期復帰が可能なことが特徴です。しかし半月板が減ることで軟骨に負荷がかかりやすくなり、長期的に軟骨がすり減って変形性膝関節症になりやすくなります。短期で見ると復帰が早く良いのですが、長い目で見ると良くない点もあります。

(2)修復術

　長期で考えるとこちらの術式が推奨されますが、縫合をするためには、半月板の断裂の状態が治癒力を持った状態でないといけません。受傷して比較的早期であれば治癒力が残っている場合が多いです。また半月板の辺縁（外側）で損傷しているときは治りやすいと言われています。そういう場合は、半月板の縫合を積極的に行います。ただし、試合への復帰は時間が長くかかり、術後４〜５ヵ月程度かかると言われています。

 ③　リハビリ

　半月板損傷を起こすと、痛みや腫れで膝を伸ばす筋肉である大腿四頭筋の力が入りづらくなります。前十字靭帯損傷でお伝えしたような股関節、体幹のトレーニングをもちろん行いますが、特に行うべきはこの大腿四頭筋の筋力を戻すことです。半月板損傷からの期間が長ければ長いほど、この筋肉の衰えである廃用が進むため「大腿四頭筋のセッティング」（図31）や「踵上げ」（図32）を行っていきます。半月板を縫合した場合は、縫合した部分

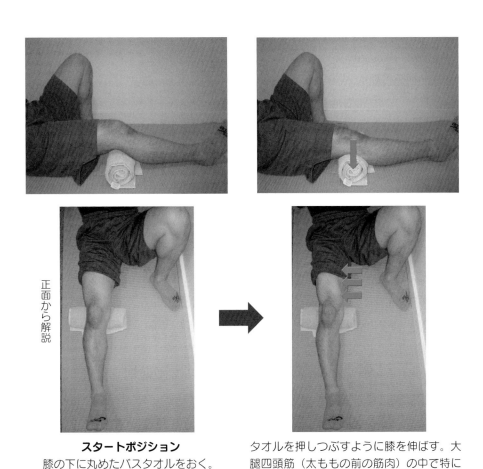

正面から解説

スタートポジション
膝の下に丸めたバスタオルをおく。

タオルを押しつぶすように膝を伸ばす。大腿四頭筋（太ももの前の筋肉）の中で特に内側広筋（内側の筋肉）を意識する。

図31　大腿四頭筋のセッティング訓練

を守るために術後６週間ほど体重をかけることを制限します。術後1.5〜２ヵ月程度で松葉杖を使用せず歩行が可能となるため、下肢に対してトレーニングを行っていきます。術後３〜４ヵ月で練習に参加できるようになり、試合に復帰できるのが４〜５ヵ月程度となっています。

図32　踵上げ

膝を伸展させたまま股関節を屈曲させる。大腿四頭筋（太ももの前の筋肉）を意識しながら反対の膝の高さまで上げる。膝の伸展位をキープしつつゆっくり下ろしていく。

　半月板部分切除術の場合は、特に制限を設けませんので１〜２ヵ月程度で試合復帰まで進むことが多いですが、長期的には変形性膝関節症へ進展するリスクがあります。

Point

① 半月板損傷の症状は、膝の中での「ひっかかり」や「ロッキング」。
② 診断を確定するにはMRI検査が必要。
③ 自然治癒しづらい組織であり関節鏡による手術が必要となることもあるが、大腿四頭筋のトレーニングを中心としたリハビリが重要。

16 シンスプリント

このケガをした選手
渡邊 雄太(ラプターズ[NBA])

シンスプリントとは?

シンスプリント(脛の痛み)を発症する人はランナーに多く、15〜20%が受傷すると言われています。よって他の競技に比べて走る量が多いバスケットボール選手にも多いことが予想されます。医学的にはシンスプリントはMTSS(Medial Tibial Stress Syndrome)と言われます。基本的にオーバーユース(走り過ぎ)が原因となり、疲労骨折にも繋がることもあります。痛くなる場所が大事であり、脛の内側の後方の下半分にかけて症状が出ることが多いです(図33)。逆に脛の中央部で前側がずっと痛い場合は、手術が必要となる疲労骨折の可能性もあるためスポーツを専門とする病院の受診をお勧めします。

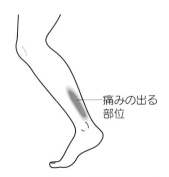

痛みの出る部位

図33 シンスプリント(MTSS)での痛みの出る部位
前方・中央に痛みがあれば手術が必要な疲労骨折の可能性がある。

受傷メカニズム

　特に練習の負荷が増える時が起こりやすいです。学校の部活動ならば、１年生が入学した時、テスト明けの練習、練習強度が上がった時などに多くなります。他には足の形が扁平足気味の人、足関節や股関節が硬い人に多く、また疲労骨折にも繋がるため女子のプレーヤーに多いと言われています。

 治療・リハビリ

　手術を要することは少なく、リハビリとインソールや靴の調整が治療となります。運動時のみに痛みが出現するシンスプリントの場合は運動継続を許可しますが、安静時の痛みがある場合は２週間ほどランニングやジャンプを中止し患部を安静にします。痛みが３週間続くようであれば疲労骨折を疑います。病院を受診し疲労骨折の診断がつけば、２〜３ヵ月患部を安静にする期間が必要となります。よって、痛みが３週間続くようであれば病院を受診し疲労骨折の有無を早めに評価しましょう。復帰の目安は、安静後に患部側の足でジャンプを行い、痛みがなければジョギングから開始します。よければ次にスピードを上げたランニング、さらにスピードを上げた加速走、ダッシュのように段階的に強度を上げて、痛みが無ければバスケットボールへの復帰を行っていきましょう。痛みがないからといって始めから運動強度の高いダッシュ、または競技復帰を行うことはシンスプリントが再燃する可能性が高いため避けるようにしましょう。

　患部を安静にする期間には、立ったままでのパスやドリブル、ボールハンドリングやシュート練習は続けてかまいません。同時に必ずやるべきことは、足関節、股関節の柔軟性を上げるためにストレッチです（**図15〜17, 34, 35**）。また足首周囲の筋力強化（**図36**）や、体幹筋やお尻の筋肉の強化などのトレ

ーニングも行いましょう（**図4，5**）。また靴に関して言えば、クッション性の高い靴や踵（ヒール）の部分がしっかりした運動靴を履きましょう。また足の形が扁平足の人にはアーチをサポートするためにインソールを作成してもらった方が良いでしょう。

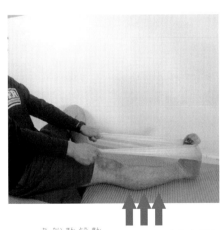

図34　下腿三頭筋ストレッチ（腓腹筋）

つま先にバンドを引っ掛け体幹側の引く。膝を伸ばしたまま、腓腹筋（橙矢印）を意識してストレッチする。

図35　下腿三頭筋ストレッチ(ヒラメ筋)

踵が浮かないように体重を前方にかけていく。ヒラメ筋（橙矢印）を意識しながらストレッチを行う。

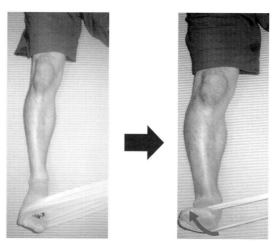

チューブを小趾にひっかける。

チューブからの抵抗に逆らいながら橙矢印の方向へ足関節を動かす。下腿の外側の筋肉（腓骨筋）を意識する。

図36　足関節の外反筋トレーニング
目安は10回×3セット

予防

　すでにお伝えした足関節、股関節のストレッチを治った後も定期的に行うことや、体幹の筋肉やお尻の筋肉のトレーニングを補強運動で行うことが予防となります。また疲労骨折予防のためにもビタミンD（魚やレバーやチーズ）とカルシウム（牛乳など）の摂取も積極的に行いましょう。

 **Point**

① シンスプリントで安静時に痛みが出て３週間程度続く場合は疲労骨折が疑われる。
② バスケットボールへの復帰は徐々に運動強度を上げてからにする。
③ 予防のために体幹や臀部の筋力強化と、足関節と股関節周囲のストレッチが必須。

コラム：足がつる

　バスケットボール中に足がつってしまった経験がある選手は多いと思います。足がつることを医学的にいうと筋肉の痙攣となります。１〜３分くらい続く不随意な（自分で意図していない）筋肉の収縮です。腓返りとも呼ばれるぐらいなので、ふくらはぎの筋肉である腓腹筋に起こることが多いです。他にもハムストリングや大腿四頭筋などの２つ以上の関節をまたぐ筋肉に起こりやすいです。特に疲労の蓄積がピークになる試合や練習の後半の最後に起こります。

　筋肉の痙攣のメカニズムには主に、運動に伴う「脱水や電解質の異常」と、「神経と筋肉の調整の異常」とがあります。これまでは、脱水によって体内のナトリウムやカリウムやカルシウムの濃度が上下し起こると考えられてきました。実際に高齢者や妊婦に起こる筋肉の痙攣にはこちらが原因となっていると言われています。しかしながら、アスリートについて言うと、疲労しやすい特定の筋肉に起こることや、痙攣した筋肉をストレッチすると良くなるということを十分説明できません。最近では、筋肉と神経の調整の異常という説が有力になっています（あくまで運動に関連した筋肉の痙攣においてです）。

　筋肉には「筋紡錘」というセンサーがあり、筋肉が伸ばされるような刺激が加わると、それ以上引き伸ばされないよう筋肉を収縮させます。筋肉が強く収縮すると、腱に存在する「ゴルジ腱器官」というセンサーが働き、筋肉を収縮させ過ぎないようにセーブをかけます。そうしないと腱が引き伸ばされて断裂してしまう可能性があるからです（図37）。このように「筋紡錘」＝筋肉を収縮させるセンサーと、「ゴルジ腱器官」＝筋肉を弛緩させるセンサーとは、相互にバランスを取りながら働きます。これが神経と筋肉の調整です。しかしながら、疲労の蓄積によってこの調整が破綻すると、収縮は起

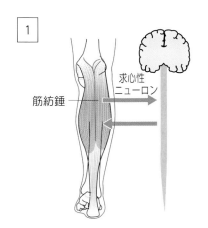
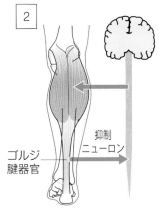

筋肉が引き伸ばされると、筋紡錘から信号が発せられ、筋を収縮させる信号が送られる。

筋の収縮により腱が引き伸ばされると、ゴルジ腱器官から信号が発せられ、筋の収縮を抑制する（弛緩させる）信号が送られる。

図37　神経と筋肉の調整のメカニズム

1→2の順。ゴルジ腱器官からの抑制が効かなくなると痙攣が起こる。

こるけれど弛緩できない状態＝痙攣が起こってしまいます。

　治療としてはご存知の通りストレッチです。ストレッチによってゴルジ腱器官を刺激することで筋肉が弛緩します。予防としてはしっかりトレーニングをして疲労に強くなることです。試合の最後まで走り切れるようなトレーニングが最大の予防になります。また脱水や電解質の関与の可能性もありますので、特に暑い日は水分と電解質の補給を行いましょう。

Point

① 足がつった場合の治療はストレッチ。ストレッチによって収縮しっぱなしになった筋肉が弛緩する。予防としてはしっかりトレーニングをして疲労に強くなること。

2　バスケットボールの主なケガ

17　足関節捻挫
^{そく　かん　せつ　ねん　ざ}

このケガをした選手
レブロン・ジェームス（レイカーズ［NBA］）

① 受傷メカニズム

　みなさんも一度は経験しているかもしれませんが、バスケットボールでは
足関節捻挫が多いです。どのような時に起こるかというと、着地の際に自分
以外の選手の足に乗ってしまうことで生じることが多いと言われています。
足を内側に捻る内反捻挫（図38）と、外側に捻る外反捻挫がありますが、内
反捻挫の方が多いです。「捻挫した」といっても実は受傷後に病院を受診し

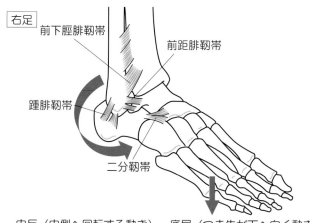

右足
前下脛腓靱帯　　　　　　　前距腓靱帯

踵腓靱帯

二分靱帯

内反（内側へ回転する動き）　　底屈（つま先が下へ向く動き）

図38　足関節捻挫

これらの動きによって前距腓靱帯がストレッチされ損傷する。

てみると靭帯を損傷していることがよくあります。前距腓靭帯損傷が最も多く、踵腓靭帯の損傷を合併することもあります。外反捻挫では前下脛腓靭帯や内側の靭帯を損傷します。

　初めて捻挫をした時にきちんと治療を行っていないと、いわゆる捻挫癖がついてしまい、捻挫を繰り返すようになってしまいます。痛みや腫れや不安定感が残存してしまい、このような状態を足関節不安定症と言います。

 ## 治療

　治療としては、捻挫直後の歩行が可能かどうかがまず大事な目安となります。もし足に体重を乗せて歩行することができないような場合は、骨折あるいは重度の靭帯損傷の可能性が疑われます。「1-5　急性期のケガの処置」項の「PRICE」という処置を行い、スポーツ医のいる病院への受診をお勧めします。

　初めての捻挫であれば、足関節不安定症にならないように病院を受診し靭帯をしっかり治すべきだと思われます。慢性的に捻挫を繰り返している場合は、必ずしもすぐ受診する必要はないですが、痛みや腫れが続いたりする時や、捻挫しそうな感じがするなどの不安定感によってパフォーマンスに影響が出る場合は、やはり受診し治療することをお勧めします。

 ## リハビリ

　治療についてですが、初めての捻挫でも繰り返す捻挫でも、すぐ手術になることはまずありません。リハビリがまず主要な治療となります。初めての捻挫の場合はまず1〜2週間の固定期間を設けることが多いです。その後固定を外して足首を上下に動かすような訓練（可動域訓練と呼びます）を始め

図39　バランストレーニング

小タオルを丸めて置き、その上に患側（捻挫した方）の足で片足立ちする。反対の足を円を描くように動かす。目安は30秒を３セット。

ます（**図34，35**）。腓骨筋という筋肉を含めた足首周りの筋力強化（**図36**）や、体幹やお尻周りの筋力強化を行います（**図４，５**）。さらにはバランス訓練（片足だけでバランスよく姿勢を保持できる練習）も行います（**図39**）。足首の動きが改善し、体幹やお尻の筋力も強化できたらレイアップシュートからの着地などといった動作をチェックし、バスケットボールの動きでの着地動作がきちんとできるようになったら競技復帰となります。目安としては軽度〜中等度の靭帯損傷であればだいたい３〜６週間程度でバスケットボールへ復帰が可能となります。

④　予防

　復帰に向けて行った足首の可動域訓練や筋力強化、お尻や体幹部の強化、さらにはバランス訓練といったものをウォーミングアップ、クールダウンに

取り入れ続けていくことが予防となります。またテーピングや装具を装着したり、インソールを使う場合もあります。それぞれ一長一短があり、テーピングの場合は技術が必要であることや、テーピングを購入するためのお金がかかることが短所として挙げられます。装具に関しては自由に取り外しができるため良い点があるものの、シューズに合わないことがあればパフォーマンスに影響します。インソールに関しては市販の物で足に合えば良いのですが、合わない場合は専門店にて自分の足に合わせて作ってもらう必要があり、コストや時間がかかってしまうというようなデメリットもあります。

　装具やテーピングをいつまで着用するかについては明確な基準はありません。初めての捻挫の場合は、治療がうまくいって靭帯がしっかり治ったとするならば、復帰して約1ヵ月程度経過した時点で中止して大丈夫ですが、予防のために着用し続けてもよいと思います。捻挫を繰り返して靭帯が緩んでしまっている場合は、やはり予防のために着用を続けることをお勧めします。

Point

① 受傷時の対応は、体重をかけて歩けない時は重症なので医療機関を受診する。
② 初めての捻挫の場合、靭帯がしっかり治る期間が3週間程度必要なので、痛みや腫れが引いたとしても、しっかりリハビリをして復帰する。

2　バスケットボールの主なケガ

18 アキレス腱断裂
けん　だん　れつ

このケガをした選手
コービー・ブライアント（元レイカーズ [NBA]）
ケビン・デュラント（ネッツ [NBA]）

 受傷メカニズム

　アキレス腱断裂は毎年1万人に1〜3人の人が受傷し、年齢を重ねること
けん だん れつ
に受傷する可能性が高くなります。男性のプレイヤーに多いことが特徴で、
バックステップなどが主な受傷機転となります。受傷の際はアキレス腱を後
ろから蹴られたような感覚となり強い衝撃を受けます。痛みはそれほど強く
ありませんが、つま先立ちで歩くことができません。その場合は病院を受診
しアキレス腱断裂があるかどうかの診断を受けてください。診断には超音波
検査（エコー）が有効であることから、将来はスポーツ現場にてトレーナー
がアキレス腱断裂を評価できる日が来るかもしれません（**図40**）。

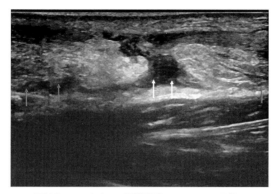

図40　アキレス腱断裂のエコー画像

正常なアキレス腱は白線の束（橙矢印）だが、その束が中央で途絶（白矢印）している。
黒くなっているのは血腫（血が凝固したもの）。

 治療

　急性期の受傷にはPRICE（POLICE）（「1-5　急性期のケガの処置」項参照）
を行います。その際、足のつま先を下に向ける形で、ふくらはぎから足まで
を固定します。病院を受診しアキレス腱断裂の診断となった場合は、手術を
する治療である手術療法か保存療法（手術を行わない治療）かを決定します。
どちらの治療が良いかというのは、はっきりした決着はついていません。た
だ、再断裂の確率は保存療法が高く、さらにふくらはぎの筋肉が保存療法で
は弱くなると言われています。よって、アスリートに対しては手術を勧めて
います（手術の方法も多々ありますが、傷が小さくてしっかり縫合できるよ
うな方法を日々探求しております）。保存療法の場合、ギプスを用いて固定
します。固定期間は医師によって異なりますが、一般的には３〜６週間ほど
行います。手術療法の場合でも１〜２週間程度は手術後にギプス固定を行い
ます。

❸ リハビリ

　近年のアキレス腱のリハビリではギプスでの固定期間をできるだけ短くするリハビリが主流になりつつあります。例えば保存療法の場合でもギプスでの固定を1週間だけにして、その後アキレス腱断裂用の装具に変えて早期にリハビリを進めていくのです。ただしこれは、担当するリハビリの先生がマンツーマンで指導しながら行っていくものです。あまりリハビリに通院できないようでしたら長く固定した方が良いでしょう。ギプスでの固定期間が終われば、アキレス腱断裂用の装具に変更し、足首を動かす練習から始めていきます。ギプス固定が外れてから4週間後から筋力強化訓練を積極的に行っていきます。片足での踵上げを始め、それができるようになればジョグを開始します。開始する目安はギプス固定が終了して2ヵ月から3ヵ月後からになります。手術した場合は、部分的にバスケットボールに復帰するのが手術して4ヵ月後から、そしてゲームに復帰するのは手術して5～6ヵ月くらいが目安となります（保存療法の場合はプラス1～2ヵ月かけることが多いです）。

❹ 予防

　アキレス腱断裂になってしまいやすいリスク因子がいくつかあります。例えば男性であること、片方のアキレス腱断裂の受傷歴があること（反対側のアキレス腱を受傷する可能性が高い）、またバスケットボールのような激しい競技に参加することが上げられます。しかし、これらのリスクは変えることができません（バスケットをやめることはできませんよね）。予防のためにできることは、腓腹筋やヒラメ筋というふくらはぎの筋肉をストレッチし柔らかくすること（図34, 35）。またそれらの筋肉をトレーニングで強くす

ることです。これらがアキレス腱断裂、再断裂をしないための予防の方法と
なります。

**Point**

① 男性で中年以降のプレーヤーはリスクが高いので注意！
② 断裂したら最短でも4～5ヵ月かかるので予防が大切。
③ 下腿三頭筋の柔軟性を上げつつ同部位の筋力強化を行うことが予
　防になる。

2　バスケットボールの主なケガ

19　足部の疲労骨折

このケガをした選手
ヤオ・ミン（元ロケッツ［NBA］）

① 受傷メカニズム

　医学的には中足骨とよばれる「足の甲」の部分がバスケットボールにおける疲労骨折が多い場所と言われています（図41，42）。他に疲労骨折が多い場所は内くるぶしです。足首の靭帯が緩くなったことで、足首を形成する骨同士が衝突した結果、内くるぶしに疲労骨折が起こります。3週間程度同じ部分の痛みが続いているときは疲労骨折を疑いますので、病院の受診をお勧めします。なぜ疲労骨折になってしまうのかというと、骨というのは「骨が吸収（わかりやすく言うと破壊です）されて骨が作り直される（形成）」ことを常に繰り返すことで骨の形を維持していますが、高い強度の運動を続けることにより、骨が破壊される量が作り直される量より上回ってしまいま

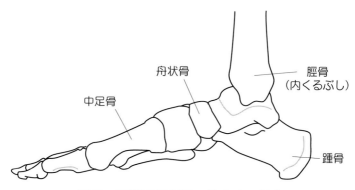

舟状骨

脛骨
（内くるぶし）

中足骨

踵骨

図41　疲労骨折が起こりやすい部分

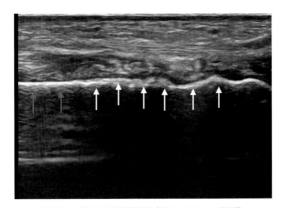

図42　中足骨疲労骨折のエコー画像

正常な骨は滑らかな白線（橙矢印）だが、疲労骨折部分（白矢印）は骨がガタガタして不整になっている。

す（「1-1　骨」項参照）。まず小さな骨折が起こってしまい、さらに放っておくとレントゲンでもはっきりわかるような明らかな骨折となります。女性のプレーヤーが男性よりリスクが高いと言われますが、ダイエットや月経によってホルモンバランスが崩れてしまって、骨密度が低下し疲労骨折を起こしやすくなるためと言われています。

 治療

　運動量が多すぎることにより、骨の破壊と骨の形成が追いつかないことが原因ですので、まずは痛い部分を安静にさせることで骨がしっかり形成するのを助けます。治りやすい疲労骨折として挙げられるのが、足の甲（中足骨）の骨折で、だいたい4〜8週間程度で治ります。他に治りやすい疲労骨折の場所は、踵（かかと）の骨折です。逆に治りにくい骨折の場所には内くるぶしや、足の甲でも舟状骨（しゅうじょうこつ）と呼ばれる足首に近い骨や、小趾（しょうし）（小指）側の中足骨

（第5中足骨）です。第5中足骨の根元に起こる骨折はJones骨折と言われており、舟状骨や内くるぶしの疲労骨折とともに治りがよくないため手術となる場合もあります。手術をしない治療法として、以前から低周波超音波が使用されていますが、それが正しいかの結論は出ていません。また、近年よく使用されるようになってきているのは体外衝撃波です。疲労骨折の治療に効果があるという報告が出てきています。

 ## リハビリ

　骨折した患部に負荷をかけないことが大事です。患部に負荷をかけない期間は、体幹や臀部の筋力トレーニングを積極的に行います（図4，5）。それらが弱いと足の疲労骨折のリスクが高くなると言われています。筋持久力を衰えさせないためには、水泳やエアロバイクで患部に負担をかけずに運動することがリハビリになります。4週間程度経過し疲労骨折が治るとバスケットボールに徐々に復帰していくのですが、初めは芝など地面が柔らかい地面（サーフェス）で走ることから始めます。いきなりコンクリートやアスファルトで走ることはやめましょう。

 ## 予防

　中足骨や舟状骨の疲労骨折の患者にはインソールを使用します。市販で入手できるインソールもありますが、可能なら自分の足に合ったものを作ることをお勧めします。さらには体幹や臀部の筋力トレーニングを行って足への負担を減らすことは大事です。またしっかり栄養を摂取することも大事です。特に女性のバスケットボール選手は栄養が不足しないよう注意しましょう。カルシウムやビタミンDを積極的に摂取して、もし足りないようであればサ

プリメントを摂取することで予防につながると思います。最後にしっかり睡眠をとり休むことを忘れないでください。これらが疲労骨折の予防に繋がります。

Point

① ３週間続く痛みでは疲労骨折を疑う。特に女性のプレーヤーは注意！
② 疲労骨折と診断されたら患部に負荷をかけないことが大事だが、体幹や臀部の筋力トレーニングを積極的に行う。復帰するときにいきなり強度の高いトレーニングは禁止！
③ 適度な休息、栄養、睡眠が予防になる。

2 バスケットボールの主なケガ

20 熱中症

 メカニズム

　暑い環境のもとで激しく運動することによって、体温が上昇し熱中症は起こります。特に風通しの悪い体育館の中は運動で発生した熱が逃げないので、屋内であっても熱中症になる可能性があります。

　熱中症は、熱痙攣、熱疲労、熱失神、熱射病などに分けられます。熱痙攣は、主に下肢の筋肉に起こる痙攣ですが、運動後に起こることが多いです。水分補給をするときに水だけを補給して体の電解質（ナトリウムやカルシウム）を補給せずにバランスがくずれてしまって起こると言われています。熱疲労は、体温は上がっていないにもかかわらず、大量に汗をかくことが特徴的で、全身の倦怠感や吐き気が主な症状です。熱失神は、暑さによって血管が拡がってしまって、脳に行く血液が少なくなってしまって起こります。熱射病は最も重症で、死亡事故が報告されています。体温が40℃以上に上昇し、意識障害（意識がない状態が続いたり、反応が鈍くなったりすること）を伴っているのが特徴です。このような状態になったらすぐに救急車を呼ばなければなりません。

 治療

　熱痙攣と熱疲労では、水と電解質（ナトリウムやカルシウム）とのバラン

スを整えることが大事ですので、水分だけでなく電解質もとりましょう。電解質が入った市販の飲料水を摂取してもよいです。熱失神では、プレーヤーに横になってもらって、脳への血流を回復させましょう。涼しい環境に連れて行き、皮膚を露出させて、体温を下降させるのも大事です。意識障害を伴う熱射病の場合は、一刻も早く体温を下げる必要があるので、霧吹きで水を与えながら扇風機などで風を送ります。首や腋の下や鼠径部の血管に氷を置くことも慣習的に行われている冷却方法です。それらを行って救急車の到着を待ちましょう。

 ## ③ 予防

以下のような予防方法が提唱されています。

(1)暑熱環境を避ける

日本体育協会で推奨されている暑熱環境の評価基準が気温・気流・湿度・輻射熱の４つの要素を含んだWBGT〔湿球黒球温度（特殊な温度計）〕の測定で、熱中症発生をよく反映する指標となります。これを基に暑熱環境での運動の制限基準が設けられています。日本スポーツ協会の熱中症予防のための運動指針では、WBGT 31℃以上・乾球温（通常の温度計）35℃以上は原則運動禁止、WBGT 28〜31℃・乾球温 31〜35℃は厳重警戒（15分ごと休憩）、WBGT 25〜28℃・乾球温 28〜31℃は警戒（30分ごと休憩）、WBGT 21〜25℃・乾球温 24〜28℃は注意（積極的水分補給）＊となっています。

＊日本体育協会ホームページより改変　http://www.japan-sports.or.jp/Portals/0/data0/publish/pdf/guide-book_part3.pdf

(2)暑熱馴(順)化を行う

暑熱環境で繰り返し運動することで、発汗量を増加させて、運動中の体温

や心拍数の上昇を抑えることが可能です。結果的に暑さへの身体の防御反応が誘発されます。暑熱環境で最大酸素摂取量の40%程度の運動を90〜100分程度行います。 1週間継続することで、暑熱馴化が誘発されると言われています。

(3)水分補給を積極的に行う

　水分補給の必要量は、例えばマラソンでは1時間あたり400〜800mLの補給量が目安とされています。ただし運動強度や気温が高く、体格が大きい場合は、多めに設定します。

(4)参加前のチェックを行う

　熱中症を誘発しやすいリスク因子として、トレーニング不足、体調不良（例えば下痢や発熱で脱水をきたしやすい状態）、睡眠不足、飲酒などが挙げられます。それらがある場合は、練習や試合への参加を見送る勇気も必要です。

Point

① 熱中症は死につながることもあるのでしっかり予防。
② 予防には「避ける」「馴化する」「水分補給」「参加前チェック」
　が大切。

参考文献

書籍

1) 井樋栄二ほか 編：標準整形外科学 第14版，医学書院，東京，2020
2) 大内　洋 監修，服部惣一，山田　慎 編著：jmed50あなたも名医！知っておこ
うよ，スポーツ医学─亀田スポーツ方式を日常診療に取り入れてみよう！，日
本医事新報社，東京，2017
3) （財）日本バスケットボール協会 監修，（財）日本バスケットボール協会エン
デバー委員会　同医科学研究委員会 編著：U-12 U-15 U-18 エンデバーのため
のバスケットボール医科学ハンドブック，ブックハウス・エイチディ，東京，
2004

雑誌

1) Newman JS et al：Basketball Injuries. Radiol Clin N Am 48：1095-1111, 2010
2) Bleakley CM et al：PRICE needs updating, should we call the POLICE? Br J
Sports Med 46（4）：220-221, 2012
3) 荻野雅宏ほか：スポーツにおける脳振盪に関する共同声明 ─第5回国際スポ
ーツ脳振盪会議（ベルリン，2016）─解説と翻訳. 神経外傷 42（1）：1-34,
2019
4) Sairyo K et al：Conservative treatment for pediatric lumbar spondylolysis to
achieve bone healing using a hard brace: what type and how long? J
Neurosurg Spine 16（6）：610-614, 2012

索　引

著者略歴

はっとりそういち
服部惣一

亀田メディカルセンター スポーツ医学科　部長代理

略歴

1997年 3 月　国際基督教大学教養学部教育学科卒業
1999年 3 月　国際基督教大学大学院教育学科修士課程単位取得後退学
2004年 3 月　東海大学医学部卒業
2004年 5 月　亀田メディカルセンター初期研修医
2006年 4 月　亀田総合病院救急科後期研修医
2009年 4 月　亀田メディカルセンター整形外科
2012年10月　亀田メディカルセンタースポーツ医学科
2017年 4 月　亀田メディカルセンタースポーツ医学科部長代理
2019年11月　ピッツバーグ大学Orthopaedic Robotics Laboratory
2021年 3 月　東京医科歯科大学大学院医歯学総合研究科博士課程修了

資格

医学博士（2021年）　　IOC diploma in Sports Medicine（2016年）
Immediate Care in Sports Instructor（2016年）　　Medical Educator in World Rugby（2016年）
日本体育協会公認スポーツドクター（2014年）
Clinical Instructor for Foreign Medical Practitioner（2013年）
日本整形外科学会専門医（2013年）　　日本救急医学会専門医（2009年）
Educational Commission for Foreign Medical Graduate Certified（米国医師国家試験）（2009年）
医師国家試験（2004年）

職務

日本超音波医学会査読委員（2017年）　　ライオンファングスチームドクター（2016年）
日本女子ラグビー代表チームドクター（2015年）　　日本整形外科超音波学会幹事（2013年）
国際武道大学非常勤講師（2013年）　　国際武道大学ラグビー部チームドクター（2013年）

受賞歴

日本整形外科超音波学会優秀論文賞（2012年）　　日本整形外科超音波学会奨励論文賞（2016年）

バスケットボールのケガ
—メカニズム・治療・リハビリ・予防

定価1,320円（本体1,200円＋税10％）

2021年 7 月23日　初版発行

著　者　服部惣一
発行者　伊藤秀夫

発行所　株式会社 **ヴァン メディカル**

〒101-0051　東京都千代田区神田神保町2-40-7友輪ビル
TEL 03-5276-6521　FAX 03-5276-6525
振替　00190-2-170643

印刷・製本　亜細亜印刷株式会社
乱丁・落丁の場合はおとりかえします。